清醒梦

如何用梦境疗愈自己

[英] 克莱尔·约翰逊（Clare Johnson） 著

王可 朱家悦 译

DREAM
THERAPY

湖南文艺出版社
HUNAN LITERATURE AND ART PUBLISHING HOUSE

博集天卷
CS-BOOKY

著作权合同登记号：图字 18-2020-117

图书在版编目（CIP）数据

清醒梦 /（英）克莱尔·约翰逊（Clare Johnson）著；王可，朱家悦译 . -- 长沙：湖南文艺出版社，2020.12

书名原文：Dream Therapy —— Dream your way to health and happiness

ISBN 978-7-5404-9797-2

Ⅰ .①清… Ⅱ .①克… ②王… ③朱… Ⅲ .①梦—精神分析—通俗读物 Ⅳ .① B845.1-49

中国版本图书馆 CIP 数据核字（2020）第 157266 号

上架建议：心理学

QINGXING MENG

清醒梦

作　　者：［英］克莱尔·约翰逊（Clare Johnson）
译　　者：王　可　朱家悦
出 版 人：曾赛丰
责任编辑：丁丽丹
监　　制：邢越超
策划编辑：李齐章
特约编辑：万江寒
版权支持：刘子一　文赛峰
营销支持：文刀刀　周　茜
版式设计：利　锐
封面设计：主语设计
内文排版：百朗文化
出　　版：湖南文艺出版社
　　　　　（长沙市雨花区东二环一段 508 号　邮编：410014）
网　　址：www.hnwy.net
印　　刷：三河市鑫金马印装有限公司
经　　销：新华书店
开　　本：875mm × 1230mm　1/32
字　　数：143 千字
印　　张：7
版　　次：2020 年 12 月第 1 版
印　　次：2020 年 12 月第 1 次印刷
书　　号：ISBN 978-7-5404-9797-2
定　　价：48.00 元

若有质量问题，请致电质量监督电话：010-59096394
团购电话：010-59320018

目 录
Contents

探索梦境世界

第一部分

1
Part

D R E A M

T H E R A P Y

第一章

什么是梦境疗愈？它如何帮助我们？

当今社会，人们常常问自己：我怎样才能变得更健康更快乐呢？为此人类发明了各式各样的娱乐项目来帮助自己获得肉体或精神上的快乐，比如建造电影院、健身房、SPA 中心这类设施。然而人们不知道，还有一种完全免费而且纯自然的方法，也能给我们带来快乐和健康。而且，这个方法还超级节省时间。

因为这一切是在睡觉时完成的。

每个人每晚都会做梦，但是我们常常认为做梦不重要而忽略它，并没多少人在意它。人们不知道的是，梦其实是我们最好的朋友。只要你认可它，梦就会帮助你度过一个幸福、开心、健康的人生；梦也是你最可信的朋友，就算你凌晨三点孤单入睡，梦依然在这里，一直陪着你，听你倾诉，给你建议。

这些天我听闻网上有很多关于正念的讨论，正念即把注意力集中在当下这一刻，全然觉知自己当下的思想、情绪和经历。看到很多人对正念有兴趣是件很美好的事情，这说明越来越多的人希望从他们的现实生活中觉醒过来。

那么，我们处于睡梦中的那长达三分之一的人生呢？又该如何呢？

想象一下吧！朋友们，如果我们学会在睡梦中也能保持正念与觉知，我们的生活会有多大的变化！我们在白天记录梦境与回忆梦境，将现实的我们与梦境最深处的自我相连接，已经可谓是觉知方面的巨大进步了，而梦境疗愈则更进一步，它将正念带入一个更深的层次，即我们睡梦人生里展现的意识更深处的那一层：潜意识层。可别满足于人生中那三分之二醒着的现实世界中的正念与觉知，睡梦中潜意识层发生的事情难道不更令人着迷、更起作用吗？梦中的"觉"可不是鸡毛蒜皮的小事情，那可是一个具备不可思议的丰富信息之地，将带给我们无比深刻的疗愈体验。

梦境疗愈，就是通过在睡梦中保持正念与觉知，给自己带来一个更快乐更健康的人生。

如果有一种美妙体验，可以让你在一个舒适的豪华浴缸里享受和放松，可以带你进行神奇历险，可以在空中无忧无虑自在飞翔，而且这一切做完后，你神清气爽，没有任何疲惫与不适，甚至连一分钟的日常工作也不会错过。这种体验，你想要吗？

其实这种美妙的体验我们每晚都能获得，那就是做梦；无关贫穷与富有，无关高贵与卑微，只要躺在床上睡觉就能获得。梦境可谓是世界上为数不多的免费的天赐礼物，人人平等。说做梦浪费时间纯属无稽之谈，做自己喜欢的梦，天经地义。实际上，不管是在情感上、精神上还是在物质上、社会上，梦都在多方面给予我们帮助。

梦体现了我们被隐藏的自我；如果我们真正发自内心地想了解我们是谁，为什么会存在于此时此刻，我们最好与这另外一半被遗忘的自我取得联系。梦不但可以帮助我们疗愈自我，释放负面的情绪，还可以将我们的意识状态提到一个更高的层次，引领我们走向一切最初的本源，那个我们到达这个世界之前时所出发的起点。

梦能帮助我们创造最好的人生，能激发我们所有的潜在能力，让我们成为我们梦寐以求的那个最好的自己。我们在睡梦中尽情欢笑，在清晨时含笑醒来，皆是因为梦这个天赐的礼物。

梦还可以给予我们很深的启发，以及富有创造性的解决方案。

现代科学告诉我们，做梦对我们的心理健康和幸福很重要。神经科学和神经生物学的研究表明，做梦可以巩固记忆，并有助于学习。梦还可以疗愈心理创伤和解决情感问题，这些都得到了认知心理学和创伤后应激障碍（PTSD）研究的支持。

梦的研究和体验可以帮助我们提高生活质量。但是究竟什么是梦呢？在我们开始之前，让我们先搞清楚：梦到底是什么？

什么是梦？

梦是我们在睡觉时所体验到的感官经历、知觉体验与情感体验，这些经历往往伴随着非常清晰的画面意象。关于梦及其定义，历史上、科学上包括心理学，都存在着广泛的研究和各种理论。在古巴比伦，梦被人们认为是神谕，是来自神的信息。希腊的名医希波克拉底（Hippocrates）认为梦可以揭示治愈疾病的方法。在现代也有不少关于梦的理论，比如瑞士精神病学家卡尔·荣格（Carl Jung）的"集体无意识"理论，即梦境连接了人类共享记忆的巨大的"集体无意识"，以及德国精神病学家弗里茨·珀尔斯（Fritz Perls）的观点：梦的每一部分都对应着做梦者的不同心理层面。

这些现代理论产生于 1900 年之后，当时奥地利精神分析学的奠基人西格蒙德·弗洛伊德（Sigmund Freud）普及了梦是来自我们潜意识的信息这一观点。随着精神分析和梦境心理学领域的发展，虽然仍然有一些科学家坚持认为梦是完全没有意义的，只不过是大脑中突触随机放电的结果，但更多更开明的科学家和心理学家则认为，梦与潜意识之间的联系极具价值，梦可被视为增强创造力、解决噩梦、提高运动技能和加速个人成长等许多事情的潜在训练场。

我们长话短说：梦是什么？梦，是内心的电影。

试想一下，有一个只为你服务的剧团。它有大量的道具和高科技特效，剧团的成员才华横溢，极具创造力。他们最拿手的套路是即兴创作，每晚为你演绎一出脑洞大开、情节紧张的情感大戏，让你感觉紧张刺激又有趣，当然他们偶尔也会给你来一点惊悚。所有这一切，不就是一部点亮你的内在人生的内心电影吗？

人的大脑会像录像机一样记录下每晚的梦，但闹钟一响，人们就忘记了其中的绝大部分内容。这多么令人惋惜！因为在那些被忘记的梦中，那些卖力演出的演员其实正迫切地想与你交流。他们想抓住你的注意力告诉你，你与你的生活的真正中心在哪里。他们想帮助你发挥你巨大的潜力。

更重要的是，那梦中的演员就是你自己！你就是这部电影的主角。哪怕是梦里面的小角色，也代表了你自己的不同部分，你的情绪、恐惧和欲望。你的梦从你的潜意识中浮现出来，揭示了你内在的自我或灵魂的状态。

值得一提的是，梦还可以超越内心电影的个人层面。有些梦似乎能融入集体的关注，或者窥视未来。另外一些梦会带给我们精神上的灵光一闪，超越日常俗事，到达非常深刻的精神境界。关于这些，我会在后面的"清醒梦"和我称之为"灵魂梦"的章节中给出详细的解释。就目前而言，我们基本已经知道了，梦境是我们在潜意识状态下由高度自我化的内心所播放的内心电影。现在让我们来看看，为什么我们与自己的潜意识亲密互动是如此重要和值得。

为什么与自己的潜意识沟通如此重要？

弗洛伊德写道："梦是通往潜意识的康庄大道。"

那么，为什么我们要走上潜意识这条大道？这条大道值得我们为之付出种种努力吗？

答案是值得，我有六大理由：

1. 我们的潜意识掌握着我们身体和情感健康的钥匙，它告诉我们什么是我们的真实感受，以及我们在生活中需要改变什么。当我们与自己的潜意识交流时，我们更加容易读懂自己，并可获得巨大的精神上的自我疗愈能力。

2.通过使用潜意识意象的方法，我们可以治愈过往的创伤，改善健康状况，减轻身体疼痛，克服恐惧和焦虑。

3.当我们的意识和潜意识之间有一种开放的沟通时，我们自然会在生活的各个方面变得更加专注。

4.与潜意识沟通可以帮助我们获得更和谐的性生活和更高的自尊。

5.如果我们还在因为失去至亲至爱而悲恸不已，潜意识会帮助我们在悲伤中找到疗愈的方法。

6.一旦潜意识觉醒，我们唤醒的将是那个更深邃、更睿智的自我。我们将解锁我们最深的潜力，创造更快乐、更健康的人生。

如果这些积极的好处还不足以让你相信与自己的潜意识保持沟通是件好事，那就考虑一下不与之沟通的缺点吧。

当我们在生活中忙忙碌碌疲于奔命，从不给自己片刻放松时，当我们在工作和家庭中承受压力时，或者当我们正在经历诸如离婚、丧亲、失业等艰难处境时，我们会变得越来越焦虑，越来越有压力，原本紧张的神经变得更紧绷。在这种状态下，过度的紧张和压力将导致我们身体和精神的需求无法调和，从而导致我们和潜意识之间失去连接。

大多数人处理压力的方式是让自己变得更加忙碌。要么更忙地去解决问题，要么就是减少睡眠加班加点，最终身体吃不消被病魔打倒，无法继续工作。为什么我们会被病魔入侵？这缘于我们的压力太大。

科学上公认，在压力和身体疾病之间有着密切的联系。2007年，心理科学协会（Association for Psychological Science）的《观察家》（Observer）杂志回顾了一些研究，这些研究表明了压力如何导致整个身体的恶化，如何使我们更容易患上癌症和其他疾病。神经科学、心理学、医学和遗传学领域的研究表明，当我们感到有压力的时候，我们的身体会经历一种"要么战斗要么逃跑"的反应，会释放肾上腺素、皮质醇和去甲肾上腺素。去甲肾上腺素是身体处于巨大压力时释放的激素，它会通过加强神经元之间的连接，对高度情绪化或创伤性事件进行记忆封闭。

由此可知，压力不但会拖垮身体机能，如降低消化和免疫系统的功能，还会造成潜意识存储和记忆上的困难，使我们无法在潜意识层面建立或存储相关情感的记忆。

梦具有释放过度强烈情绪的重要作用，有点像火山的隆隆声，喷出无害的烟雾。随着时间的推移，我们的压力会不断累积，以至于有一天达到一个阈值，这些积攒的压力在梦中以火山喷发的形式释放（想象一下沸腾的熔岩的喷射！），现实中的我们从可怕的噩梦中醒来，浑身冷汗。

不过，即使是梦也不能独自完成所有的减压工作，我们自身也需要参与。当我们与潜意识发展出一种更和谐的关系时，我们的压力就会减轻，就会与自己的身体健康建立一种更和谐的关系。

当我们通过梦境与潜意识交流时，我们会持续健康地处理和释放压力与情绪，比如恐惧、焦虑、悲伤和创伤记忆。

我们释放这些负面情绪越多，我们就会变得越健康、越快乐，因为我们正在把压力从我们的身心中释放出来。

梦对我们的心理健康和幸福有多重要？

神经生物学、认知心理学和神经科学等领域的大量研究表明，做梦对我们的心理健康和幸福是非常重要的。20 世纪 80 年代，生物物理学和生理学研究人员坎迪斯·珀特（Candace Pert）博士证实，在大脑和身体之间存在着一个复杂的生化通信网络。

人的每一种情绪都有相应的"情绪分子"（一种神经肽），人体的免疫细胞有"情绪分子"的受体，会对这些情绪分子进行处理。如果强烈的情绪没有得到充分的处理，它们就会被储存在细胞里。这些情绪在做梦的时候会以画面及声音的状态表现出来。珀特博士认为，如果我们能有意识地做一些梦境处理或引导，就可以帮助释放这些多余的情绪，以免它们在身体中累积，让我们产生疾病。

所以，梦能帮助我们处理好情绪，对我们的健康大有好处！

做梦还能提升我们的日常表现，巩固记忆，帮助我们磨炼技能。2010 年，波士顿贝斯以色列女执事医疗中心（Beth Israel Deaconess Medical Center）的科学家给参与测试的 99 人布置了一项任务，要求他们用电脑在一个复杂的 3D 迷宫中进行导航探索。测试前，他们被要求小睡一会儿，或者在清醒状态下安静地活动，然后再进行测试。

结果是惊人的：即使人们在休息时想到了迷宫，他们也没有表现出任何效能提高的迹象。但是，那些描述梦到这个任务的小睡一会儿的人却表现出了显著的进步，他们的效率 10 倍于那些没有梦到迷宫的人。

可见，做梦可以帮助我们整合新的信息，从而直接提高效能。

从生物学和神经学的角度来看，即使我们一辈子都不记得一个梦，做梦也是有帮助的。回想一下做过的梦，我们就能意识到梦给我们带来的独特的创造性思维。1999 年，心理学家罗伯特·斯蒂克戈尔德（Robert Stickgold）在《认知神经科学杂志》（*Journal of Cognitive Neuroscience*）上发表了他对做梦的大脑产生创造性联想能力的研究结果。44 名大学生从快速眼动睡眠（REM）中被唤醒，并被要求进行不同的单词配对。与完全清醒的受试者相比，这些困倦欲睡的学生在进行相关性较弱的配对时更快。这表明做梦的大脑会很自然地产生意想不到的联想。我们知道，艺术家即使在醒着的时候也会有创造性的联想，令人鼓舞的是，我们普通人在做梦时，我们的思维也会比平时更有创造性。

当我们每晚开始做梦的时候，童话世界的大门就像打开了，我们打开了一个通往充满创造性和治愈性的全新世界的大门。通过与梦的结合，如这本书中描述的清醒梦（在梦中意识清醒过来，并且知道自己在做梦），我们可以变得更有创造力，解决糟糕的噩梦，在困难的生活中找到安慰，帮助我们的现实生活。

我的梦之旅

你也许想知道梦是如何成为我生活中如此重要的部分的。我最早的记忆是我三岁时做的一个梦。这个梦是那么生动、多彩、真实，后来它似乎给自己起了个名字："耽溺于绿松石色的游泳池。"这个梦标志着我开始对梦着迷。起初，梦境充满光明和美丽，我在梦里玩水，我玩得非常开心，直到我觉得自己陷得太深了，开始溺水，这让我惊慌失措。突然间出现了一个意识清醒的瞬间，我意识到我有一个选择：要么留在梦里淹死，要么弄醒自己。

我选择醒过来。

这个童年的梦已经成为我人生的隐喻。年轻时，我就开始问自己："我是该在一生中一直沉睡，最终成为梦里那样的受害者，还是该觉醒，创造属于自己的最好的现实？"

我用行动回答了自己的这个问题。多年来，我一直致力"觉醒"，这个词融入了我生活的每一个方面：不仅在我的现实生活中，也在我的梦中。

　　年复一年，我对梦的好奇心只增不减，而且成长为一名非常专业的梦控师，也就是做清醒梦很在行的人（在清醒梦里，你会意识到你在做梦，如果你想的话，你还可以控制你的梦）。在我的一生中，我做过成千上万个清醒梦。2007 年，我成了第一个因为清醒梦的研究而获得博士学位的人，我当时的研究课题是如何运用清醒梦辅助创造性的写作。在国际研讨会和私人会议上，我经常看到各种梦境方法和清醒梦对克服创伤、治愈人际关系、处理疾病或丧亲之痛、治愈反复出现的噩梦等方面所产生的积极影响。

　　长久以来，我的梦都具有明显的疗愈作用，仿佛它们最深层的愿望就是解放我、教导我、帮助我应对失落并且为我治病。清醒梦提供的能量帮助我从纤维瘤病中痊愈；帮我克服了创作障碍，让我写出了我的第一部小说；帮我做出人生重大决定；亦让我从小女儿濒死的悲痛中恢复。我成了自己的梦境疗愈师：每当我向梦寻求帮助时，我都会得到帮助，这在各个层面上改善了我的生活。这种梦境疗愈的方法，是人人都可以做到的。

什么是梦境疗愈？梦境疗愈是如何起作用的？

　　梦境疗愈，是一套有意识地睡眠和有意识地做梦的方法，以帮助人们获得更快乐、更健康的生活。通过将意识与我们的夜间的梦连接起来，我们打开了通往潜意识的大门。

人的一生，所能接受到的一切，都来源于大脑中出现的想法和图像。在梦中，我们面对的是深不可测的潜意识意象。与梦合作，我们不但可以改变我们梦中的"电影"，还可以改变现实中的自己，改变人生。

梦境疗愈的核心概念非常简单。它是这样的：

当我们与梦合作，一起修改梦境这部"内心电影"时，我们可以改变那些对我们人生起阻碍作用的深层潜意识模式，达到疗愈人生的效果。

一般人每晚大约做 6 个梦，算起来每年有 2000 多个梦，也就是每年有 2000 多个疗愈自己人生的机会。我们错过了多少次这样的机会呢？据科学家估计，每个人每晚大概有两个小时是在做梦的快速眼动睡眠期中度过，也就是说，人在一生中，大致有 6 年的时间是完全处于梦中的。有多少鲜活生动、多姿多彩的梦境被我们遗忘，被我们错过？现在，是时候重视、唤醒我们的梦境人生了。

梦境疗愈，是一夜好眠的纯粹快乐，是梦如泉涌的喜悦，是指引我们现实生活的指南针。我们的生活会因此变得更和谐、更令人兴奋、更有活力。

最棒的是什么？

那就是人人都可以学会，都可以做到。

我的一个朋友患有焦虑症，因为太害怕而不敢坐飞机。后来她在清醒梦中练习登机，几周后她就可以毫无恐惧地坐飞机旅行了。在我带的训练团的一次周末度假中，一个有着创作障碍的年轻作家不断地做着船撞向悬崖的噩梦，我让他在五分钟内重写了好几次他的这个梦的结局，比如让船飞到安全的地方。六个月后，他告诉我，他的创作障碍在那天消失了，噩梦再也没有出现。和我一起工作的一位女士有天在梦中看到自己被熏黑的肺部的 X 光片，她非常震惊，以至于第二天就戒了烟。还有一位女士参加了我的一个研讨会，她之前在工作场所被欺负过，而且经常做着被男人威胁的噩梦。我教她重新演绎这些噩梦的结局，在梦中勇敢地面对那些男人。不久之后，在梦中经历了多次胜利的她，终于可以在工作中勇敢自信地面对男人，保护自己不被欺负。

梦境疗愈作用于人的每一个层面。从身心的改善、负面情绪的释放，到简单的一个快乐的想法，任何一种积极的改变都是"疗愈"。疗愈是从一种情绪或生理失衡的状态转变为平衡与和谐的状态，是迈向全面健康和完美的一步。令人不安的梦境图像可以转化为疗愈图像，然后作为一种全新的健康的情感模式被拥抱，被接受。

当我们进行梦境疗愈时，我们通过对梦里图像、声音的象征意义的解读来解开梦的谜团，并且充分运用想象力来转换梦境这部内心电影。当我们允许我们的梦通过清醒梦的方式做出改变时，我们可以改变深层的潜意识模式，找到一种更快乐的做自己的方式。一旦我们的疗愈在潜意识层面（梦境层面）完成，我们原本在现实生活中的消极情绪将不再显现，我们的生活就会变得更快乐。

如果我们用心关注梦，它就可以治愈我们的生活，这就是梦境疗愈法。

我们能从这本书中得到什么？

这本书会引导你一步一步经历觉知睡眠、觉知梦境和治疗梦境的过程。

这是一本很实用的书。

里面有解开梦的象征意义的核心技术，以及如何做清醒梦的实用技巧。

里面有噩梦解决方案帮助你解决噩梦，有疗愈性的观想方法让你美梦成真，还有孕育梦的练习，让你可以定制一个自己想做的梦。

后面的章节介绍了一些梦的类型，比如春梦和健康梦等。还有一些具体的梦境练习，比如用梦帮助缓解诸如丧亲和创伤等生活困境。更深入的话，你还将了解到我所说的"灵魂梦"。

在这本书中，你会发现，许多变革性的梦境疗愈方法可以帮助你以轻柔自觉的方式修改梦境这部内心电影。书里还有身心健康、幸福圆满等实操练习。

通过这本书，你会发现：

◎ 梦是什么，为什么梦境如此重要

◎ 如何提高你的睡眠质量，醒来神清气爽

◎ 如何做一个清醒梦并改变梦境

◎ 梦境怎么帮助我们消除压力和焦虑

◎ 如何转变噩梦，治愈过往创伤

◎ 如何成为你自己的梦境疗愈师

◎ 如何创造你最美妙的人生，一个你想要的人生。

梦，尤其是与清醒梦者（梦控师）的控梦技巧结合起来后，是可以转换的，通过练习我们可以让身心更加健康，人生更加幸福。学习和了解梦境的人越多，这个世界上就会有越多更健康更快乐的人。

每天晚上，我们每个人都有机会和梦中强大的潜意识一起工作，学会如何疗愈人生。

何不抓住此机会？

当然，为了打开梦之门，我们首先要能够记住梦境！

下面是一些记梦的小贴士。

如何记住梦？

在我的创意课堂里，人们有时会告诉我，他们连一个梦都记不住。当我问他们是否记得儿时的噩梦时（这些噩梦往往会长留记忆深处），他们通常都能回忆起一个，即使只是一个片段或只是当时残留的一丝情感记忆。在西方文化中，梦境并没有得到太多重视。这种现象从童年就开始，小孩做了一场噩梦后，善意的父母总会安慰孩子："孩子，这不是真的，这只是一个梦而已。"然后父母会鼓励孩子忘记刚才的噩梦，而不是讨论他们的恐惧，以及如何面对与消除这种恐惧。年复一年，我们变得习惯于摒弃梦境，从而失去了记梦的习惯。

但这一切都很容易改变。只需要通过一些简单的技巧，我们就可以重连梦境，记住它们。梦就像鲜花，在我们的注目下绽放。只要我们心之所向，梦就必有回响。毕竟，梦也是我们自己的一部分。所以，如果你因为记不起梦而觉得很沮丧，或者如果你想记住更多的梦，不妨试试接下来的这个练习。

练习 1：

梦境回忆

1. 一个吵闹的闹钟，会把梦境冲刷得一干二净。所以，我们的闹钟要选一些轻柔的闹铃声，建议把聒噪不停的闹铃声换成你最喜欢的一首轻柔歌曲，闹钟最好带 Snooze 功能（贪睡功能：指在指定时间闹钟响后如果没有取消闹钟，那么接下来不用再次定时，闹钟会在设定的时间间隔后再次响起）。歌曲有几分钟，就设定比平时闹钟时间提前几分钟的闹铃，这样当你被闹醒后，你就可以用整首歌的时间来回忆你的梦境。如果这首歌总是同一首歌，你就会产生一种自动反应，每次当你听到前奏时，你的梦境图像就会自动重新浮现。这意味着回忆你的梦会变得越来越容易。

2. 当你醒来时，不要睁开眼睛，不要改变姿势，在当下即刻问自己："我刚才在做什么？""我和谁在一起？"然后把你上个梦的记忆片段带回你的脑海。起初，你可能只有一个模糊的印象或一种感觉。但不管怎样，把这些回忆记录下来（下一个练习是关于如何写梦境日记的技巧）。

3. 创造一段属于自己的"记梦咒语"，比如：我相信我很容易记住我的梦。在睡前反复重复这句话，白天的时候也要经常重复这句话来暗示自己能够轻易地记住梦境。

4. 每当在夜里醒来的时候，请立刻回想你刚刚做的梦。如果不记得了，也不要紧，重复你的"记梦咒语"即可。潜意识有很大概率会将你的梦境带回来。

5. 日常生活中，时不时地回想一下梦境，把它固定在你的记忆中。回想时多关注你梦中的画面和情感，尽可能地重温它的细节。

6. 养成良好的睡眠习惯（参见下面的"睡得好，梦得好"一节），这样你就能得到充足的睡眠，从而记住你的梦。

与提高梦境回忆能力密切相关的是记录梦境。写梦境日记是首要的也是最基本的步骤。

练习2：

梦境日记

◎ 找一个内页空白无横线的笔记本来做你的梦境日记本。这样比较容易添加你梦中的图画或文字，比如日记的右边页用来做梦境内容的描述，左边页用来画草图或者记录一些对梦的反思，以及自己对这个梦的总结评估等。

◎ 睡前就把你的梦境日记本和铅笔放在你的床头。每天醒来后，在起床前就先把你的梦境记下来。要让写梦境日记成为你每天早上做的第一件事，成为你的习惯。即使感觉自己什么都记不起来，也要打开梦境日记本。神奇的是，当你拿起了笔开始写时，你会发现昨晚的梦境一阵阵涌入你的脑海。在充满创意的清晨，这种情况屡见不鲜。

◎ 用现在时态和第一人称视角来写你的梦（"我沿着橙色的屋顶跑步……"），因为这会把你拉回到场景中，让你能更好地回忆。如果你时间紧迫，也可以只写下梦的题目，这样能把梦"种"在你的记忆中，你可以稍后再回来填入剩下的梦。如果你不喜欢写作，那么用录音的方式录下来也是记录梦境的好方法。

◎ 晚上睡觉前，打开你的梦境日记本看看以往的梦，对其中令你记忆深刻的一些画面给以重点关注，写一些见解之类的，对于经常出现的梦境图腾或者主题，做一个列表。这些都有助于你第二天早上对梦境进行回溯。渐渐地，你会开始真正享受重新阅读梦境日记的这一刻，梦境日记在你的意识与潜意识之间建立了一条联通彼此的桥梁。

◎ 复习完昨晚的梦境日记，把梦境日记本放在一旁，坚定地对自己说："我今晚会做很清晰很美丽的梦，并且我醒来后会牢牢记住它们！"然后静静地躺下冥想五分钟，让自己进入一个轻松愉快的睡眠状态。

什么是梦境工作？

一旦你记住了至少一个梦，你就可以着手去做梦境工作了。我们可以做很多事。我们可以画梦、舞梦、写梦、探索梦中符号，或是给梦想象一个新的结局。

当我们想到我们的梦，我们其实就是在把我们的意识投射到潜意识中的事物上。每一次我们睡觉时意识到的画面，每一次我们意识到自己在做梦的时候，都是意识投射进了潜意识。

现在就试一试吧。在脑海里想一个梦，你人生中的任何一个梦，也许是你昨晚做的梦，也许是童年那个你只记得零碎片段的噩梦。没关系，想着这个梦，在脑海中回想那个梦的图像、颜色和情绪。

就是这样！这就是梦境工作！就这么简单。

当我们主动思考或回忆梦境时，可能会发生几件事。这个梦可能会提醒我们一些其他的事情，在这种情况下，我们可以停止思考，让记忆和画面自然地流过我们的大脑。我们可能会突然顿悟，发现自己对这个梦或者自己当前的生活状况有更好的理解。当然，也许什么都没有发生，我们只是纯粹地思考梦，这也是非常重要的。当我们思考梦的时候，我们打开了与内在潜意识的对话，让它以象征性的、富有意象的语言向我们表达它自己。这座连接我们的外在自我与内在自我的桥梁，也就慢慢建成了。

但在所有这些重要的工作开始之前，我们首先必须确保晚上能睡个好觉。

睡得好，梦得好

为什么晚上睡个好觉这么重要？睡眠对良好的身心健康和生活质量起着至关重要的作用。如果我们每晚、每周都没有足够的睡眠，我们的整体健康状况就会恶化，就会出现慢性健康问题。我们也更有可能变得情绪不稳定，很难做出决定和应对变化。睡眠平衡身体激素，支持免疫系统，帮助我们疗愈。我们真的需要一个好睡眠。

梦的损失可能导致抑郁。来自亚利桑那大学综合医学中心的睡眠专家和临床心理学家鲁宾·奈曼（Rubin Naiman）博士强调了一个事实，许多常见的睡眠缺失问题实际上是我们没有得到足够的快速眼动睡眠的结果。奈曼把这称为"梦的损失"，并解释说，这是一种未被承认的公共健康危害，它会对我们的生活造成严重破坏，因为它已经被证明会导致抑郁、痴呆，以及奈曼所说的"精神的侵蚀"。为此，奈曼特别强调了健康睡眠的重要性。

做梦对我们的健康有好处。我们需要学会睡好，才能梦好，才能保持健康和快乐。人的一生大约有三分之一的时间都在睡觉，一个 75 岁的人会花上整整 25 年的时间睡觉！要想让这三分之一的人生更满意、更有意义，就需要确保我们有良好的"睡眠卫生"。睡眠卫生是指我们需要培养良好的睡眠习惯，以便拥有高质量的夜间睡眠和日间充分的精力。

你是什么样的睡眠者?

下面是一些你可能会问自己的问题,以确定你是哪种睡眠者/梦控师,以及你想成为哪种睡眠者/梦控师。

仔细阅读这些问题,快速回答问题。然后再来一次,这一次写下你心中的理想答案。这会让你清楚地知道你离最佳睡眠还有多远。

◎ 每天晚上你平均睡几个小时?

◎ 你睡前的习惯是什么?(比如睡前是否喝酒,晚饭后是否喝咖啡,睡前是否还要玩一会儿手机和平板电脑。)

◎ 你睡前是否习惯想一会儿事情,还是一躺下就睡着,"秒睡"体质?

◎ 你是否时常深夜惊醒,然后再难以入睡?

◎ 你每天早上睡醒时感受如何?是精神饱满地面对新的一天,还是神情萎靡觉得休息得不太好呢?

◎ 你经常在白天感到困倦吗?

◎ 做了什么梦,你还记得吗?是开心的梦,还是十分紧张、充满了冲突的梦?

◎ 你如何评价你的睡眠质量,1—10 分的话?

如果有两个或两个以上的答案与你的"理想"答案大不相同,你可能需要改善你的睡眠卫生或者睡眠习惯了。坚持写睡眠日记会有助于捋清你的个人睡眠习惯。

练习 3 :

坚持写一周的睡眠日记

如果你不确定你的睡眠质量，请试着写一个星期的睡眠日记。

每天根据自己的经验完成以下这十个句子，一周之后，你就会看到一个清晰的睡眠模式。

1. 在我熄灯前的 15 分钟里，我做了一遍冥想 / 看了一会儿电脑 / 在读一本书。

2. 我花了大约 X 分钟才睡着。

3. 我在昨晚的睡眠里大概有 X 分钟 / 小时是清醒的。

4. 我的睡眠很好 / 断断续续 / 我几乎没有睡觉。

5. 如果把睡眠质量按照 1—10 级打分，这次睡眠可以打几分？

6. 我记住了 X 个梦。

7. 我的梦很美丽 / 不轻松 / 我做了个噩梦。

8. 当我醒来的时候，我感觉很好 / 很累 / 好像还没睡够。

9. 今天，我的总体情绪和能量水平可以被描述为……

10. 对于昨夜睡眠的整体评价是 _____ 。

看看那些显现的联系，比如深夜电视和噩梦，或者喝过头了醒来时心情糟糕。如果你发现自己很容易入睡，每晚睡得很安稳，每天从美妙的梦境中醒来，神清气爽地开始新的一天，那么你就万事大吉了！

如果没有，有很多简单的方法可以改善你的整体睡眠体验。

例如：_____

_____

练习4：

睡个好觉的五步计划

1. 睡前不要过度放纵。

我们都有过这样的经历：打开一瓶红酒，来一顿丰盛的晚餐，然后长久瘫坐在电视机前，最后才一头扎进被窝。睡眠研究人员友情提示：睡前最好不要吃太多饭、喝酒、摄入尼古丁和咖啡因。

2. 遵循"只做爱和睡觉"的规则。

卧室只用来睡觉和做爱，这是促进睡眠的好方法。

睡觉前半小时把灯调暗，而不是看电视或上网，因为亮着的屏幕会激活大脑。为了加强"床＝睡眠"的联系，一些专家甚至建议不要在床上看书（但就我个人而言，我不会放弃这一点！）。

3. 如果你在夜里醒来时脑子一片混乱，那就在黑暗中坐着吧。

当我做高强度的工作时，经常会发生的一件事是，我会在半夜醒来，很长一段时间都无法再次入睡，因为我的脑子里充满了各种想法。对我来说，这可以成为一种有用的创造性思维。但是如果你的想法只是烦恼的心事或者生活琐事时，那我建议你起床，坐在黑暗中，直到你的思想平静下来再上床睡觉。

4. 保持运动锻炼。

如果不太接近睡觉时间的话，白天锻炼是可以促进睡眠的。至于运动到多晚可以不影响睡眠，每个人的情况是略有不同的，你可以尝试一下，看看什么对你最有效。

5. 按计划行事。

保持一个正常的睡眠时间表，不要让它变化太多，这样你的身体就会清楚地知道什么时候该睡觉。确保你在白天接触到足够的自然光，因为这可以帮助你的身体区分白天和黑夜，并适应一种自然的、有益的睡眠节奏。大多数健康的成年人每晚需要 7—9 小时的睡眠，但这因人而异。午睡会干扰你的夜间睡眠节奏，尽管它对清醒梦很有帮助。

调整这些不当的睡眠习惯可以极大地提高你的睡眠质量，当这种情况发生时，你会发现你自然有更多的时间来做梦。这样你就不会那么累，压力也会更小，整个睡眠过程也会变得有一种真正的快乐，因为你的梦会向你招手。创造你自己的个人睡眠习惯也是非常有益的，这将会使你每晚都拥有非常快乐的梦境体验。

练习 5：
养成良好的睡眠卫生习惯

◎ 把你晚上的睡眠想象成一个迷你假期。你将在一个非常治愈

和美丽的地方进行一次通宵旅行——这是一种享受！

◎ 准备好迎接这个美妙的夜晚吧，把你的卧室变成一个宁静、温馨的睡眠空间，让它保持凉爽。研究表明，在睡觉的时候保持头部凉爽可以帮助你睡得更好。确保你的床垫和枕头舒适。如果你的卧室光线太早变亮，使用遮光窗帘或睡眠面罩。如果你被噪声干扰，使用耳塞或白噪声发生器。

◎ 创造一个舒缓的就寝仪式。你可以选择任何方式来做这件事，我最喜欢的做法是：1.洗个热水澡。2.放轻松的音乐。3.使用低亮度或暖色灯泡。4.在枕头上滴几滴精油：薰衣草和甘菊有助于睡眠。5.睡前冥想五到十分钟，理清思绪，帮助自己放松下来。在本章的最后是一个非常简单的冥想，它在睡前很有效。

◎ 一旦你的就寝仪式建立起来了，你就会觉得自己睡得更好了。同样，你也可以在睡前对自己说："我醒来时会神清气爽，并且能记住我的梦。"当你早上醒来的时候，记住并记录下你的梦，在你起床之前，至少想一件让你感激的事情，微笑，新的一天，出发！

睡眠是非常重要的，尤其是当我们睡得好时，我们的梦也会做得好。良好的睡眠卫生是梦境疗愈的前提。

朋友，我诚挚邀请你做个好梦！

练习6：

睡前的五分钟冥想

◎ 在床上坐起来，闭上眼睛，深呼吸，慢慢地平静地深呼吸。

◎ 当你吸气和呼气时，选择一些词来配合每一次呼吸。例如，你可以吸气时想着"我非常……"，呼气时想着"……平静"。不要小看这几个文字，此时任何词句只要带有意义，都可以被称为咒语，它将帮助你专注于你的呼吸，并更深地放松。

◎ 在念头的间隙，你会在宁静的空间飘浮片刻。这些是冥想中的黄金时刻，让这些黄金时刻进一步延伸，让自己进一步放松，直至你进入一个宁静平和的状态。你冥想的次数越多，你经历的黄金时刻就越多，时间也就越长。只管让这些状态自然出现，不必为之执着。

◎ 当你冥想时，念头会不由自主地出现，因为你的大脑天生忙个不停，古人云：一弹指三十二亿百千念。不用担心这个，每当有新的念头出现时，注意它们，不要沉溺其中，也不要评判它们。用它们作为提醒，让你的意识回到呼吸中，重复你的咒语。

◎ 你想冥想多久就冥想多久，接受咒语的轻柔节奏……放松……念头……咒语……放松……念头。

◎ 当你躺在枕头上，闭上眼睛，试着微笑——真诚的微笑——并对自己说："今晚我会睡个好觉，做个好梦。"

第二章

理解梦境：核心技术

俗话说："眼睛是心灵的窗户。"梦也是如此，它揭示了我们心灵的状态，用电影般的画面描绘出我们当下的生活体验，映射出我们的情感和心境。梦不会说谎，它不会蒙蔽我们的双眼，不会顺从我们偏爱的"真相"。梦是最诚实的镜子，我们只需要弄清楚它在反映什么就可以了。有句古老的犹太谚语是这样说的："未经检视之梦如同未拆之信。"虽然从表面看，我们对梦的情感反应可能是直接而明显的，但是，除非我们进一步解析出它的象征意象，不然我们就会弄丢它所想表达的深层次信息。梦的语言是一种神奇的混合，通过各种画面、各种隐喻和各种直观情感打包在一起来表达。你是否曾在早上醒来时感到难过、焦虑或者不安？很可能是因为你做了个噩梦。你是否有时也会笑醒，或者醒来后感觉心情超级棒？不用说，一定是个美梦。一个梦的好坏绝对可以影响我们醒时的情绪。

世界上只有一种语言是全人类相通的，那就是梦的语言。当我们理解了梦的象征意义时，我们就打开了通向自己内心世界的大门。全人类的梦都是通过丰富的情感意象来表达的，由于文化背景的不同，意象的具体画面可能会有所差别，但其传递的象征信息都是相同的。比如说，一个来自印度偏远村庄的小孩可能会梦见茄子和杧果从天而降，而在一个美国小孩的梦里，天上掉下来的则可能是比萨，而不是杧果，但两者都有相同的含义：丰盛的礼物如雨点般落下。当我们还在母亲的子宫里时，我们就开始做梦了，并且终生都会持续地做梦。地球上的每一个人都通过梦境彼此相关联，这真是一件极其美好的事。

梦，超越了人与人之间的所有障碍。不管我们是什么样的宗教信仰、文化传统、肤色、性别、性取向、年龄，有着什么样的母语，我们每晚都会做梦，都在用着同样的梦的语言。全世界的梦都反映着一样的主题、欢乐和悲伤。如果我们这辈子只能学一门语言的话，那就来学习梦的语言吧！

本章将告诉你如何解读梦的语言，让你了解梦境意象是如何反映特定的感觉、事件和态度的。我们将研究五种不同类型的梦，你将学习核心的解梦技术，从而全面理解你的梦境。

破解密码：如何理解梦的象征语言

在日常生活中，我们都会使用一些隐喻性的、象征性的语言。每一种文化都有自己的谚语或成语，它们往往通过简单的画面就表达清楚了丰富的内涵，比如说："她把所有鸡蛋都放在一个篮子里了""他露出了狐狸尾巴""守得云开见月明""船到桥头自然直"，等等。梦就特别喜欢这种画面式语言，这是它与我们交流的首选方式之一。

初看一个梦时，人们往往摸不着头脑。如果我们先入为主地给梦贴上一个解释标签，并自以为是地去坚持这种解释，那么我们就大有曲解此梦的可能。所以，从"我不知道"的角度来看待梦境反而是件好事，这可以让我们在保持警惕的同时，以灵活开放的心态去接纳梦所包含的所有可能性。梦也是有规律可循的，就如同人会呼吸一样。这就是为什么解梦需要一个过程：经常要问一些问题，要建立一些联想。当我们剥开梦的层层外壳时，它的"真心"就会显露出来，梦就能被解析。

能够弄懂梦的语言着实是激动人心的。当你破解了一个困扰你的梦的密码，体验到解梦师（或梦疗师）所称的"顿悟时刻"时，你一定会感到非常振奋。如果你抑制不住兴奋之情，想冲出去买一本解梦词典，请记住，许多解梦词典会对每个图像都给出一个简单、笼统的"对应意义"。然而，对不同的做梦者而言，每幅梦境图像可以对应不同的联想，因此保持一种开放式的解析是至关重要的。比如说，牛对屠夫而言，其意义与对印度教徒来说大相径庭，因为印度教徒视牛为圣物。再比如说，风筝坏掉了，那么对前一天自己女儿的风筝坏掉的人和对刚刚被解雇的某公司高层而言，对应的联想会不同，有不同的意义。基于这个原因，我不建议在解梦过程中过度依赖解梦词典。相反，我更看重的是，通过对你自己的生活环境和对你内心自我的洞察，来解析你自己梦境。

为了理解梦境，我们需要听懂梦的语言。那么，如何才能学会这种貌似很复杂的象征性语言呢？

在梦的语言中，潮水往往与不知所措的感觉有关；而梦到考试时做不出题，通常与现实生活中因为没准备好而措手不及有关；梦见自己在公共场合赤身裸体，则可能是因为我们感觉自我暴露太多了。其实这种联想是非常私人的，只有做梦者本人才能知道自己梦的真正含义，而熟悉梦的语言是理解一个梦的关键。好消息是，学习梦的语言比你想象得要容易得多，你将很快掌握窍门。

梦可以归类，有时候先确定梦的类型会帮助我们更好地理解梦境。让我们来快速看看五种不同类型的梦。

五种类型的梦

梦大致可分为五类：**生理梦、情绪梦、原型梦、清醒梦和灵魂梦。**许多梦往往包含了不止一种类型的元素。

生理梦：

这些梦和你的身体有关：你是冷、热，还是累？你要尿尿吗（我们都做过四处疯狂找厕所的梦）？你病了吗？身体痛吗？我们身体上的生理感觉、疼痛和疾病，会以不愉快的意象形式被编织进梦境这个内心电影里。一位少女梦见自己被追杀，然后头部中弹，她醒来时感觉有严重的偏头痛。这是因为偏头痛是在她睡着的时候发作的，于是相关的梦境同步触发了。如果我们能设法在梦中改变一些负面意象，我们就可能减轻我们所经历的痛苦。我的一个朋友持续头痛了两天，她睡觉的时候梦见自己头上戴着一个紧紧的金属箍。在梦中，她把金属箍摘了下来，当她醒来时，她的头不再那么痛了。

有一个更严重的案例，记者马克·巴拉希梦见自己被下巴底下的热炭炙烤，结果他被确诊患有甲状腺癌。尽管如第八章所述，梦有时可以预示疾病，但是痛苦或暴力的梦并不一定表明身体出了问题；大多数这样的梦都有心理根源，往往反映了强烈的心理体验或未解决的强烈情绪。重要的是要注意这些梦，并与梦合作，解开它们更深层次的意义。

此处，我们主要说明的是，有些梦确实来源于生理因素，属于生理梦。

情绪梦：

什么让我们最担心，什么让我们最害怕，什么让我们最快乐，那么我们就会梦到什么。这就是典型的情绪梦。

情绪梦心理特征很明显。它们包括明显可辨认的情绪，如悲伤、幸福、失落、怀疑、惊讶、惊恐、害怕等等。例如，我的一个朋友梦见她在厨房里疯狂地摔盘子，而她的丈夫则在一旁无助地看着。一个和我共事的女人梦见自己在一个用纸箱做的巨大迷宫中爬行，却找不到出路。一想到要被困到死，她就充满了恐慌。在这样的梦里，剧情反映了我们隐藏在潜意识中的情感，这种情感也恰恰代表了我们内心深处的真实情感。当梦中的情感达到极点时，梦境会呼唤我们去处理，这方面本章将在后面进一步说明。

原型梦：

梦可以包含原型符号——普遍性的形象、人物和主题。从传说和神话到卡通和漫画书，原型符号存在于所有的历史和文化中，也普遍存在于个体心灵中。瑞士精神病学家卡尔·荣格认为，原型体现了人类的基本经验和真谛。从童话故事到好莱坞大片，许许多多我们喜爱的故事，原型都是其中的核心和灵魂，例如导师的原型（《星球大战》中绝地武士的老师），或者老巫婆的原型（《白雪公主》里的女巫），或者魔术师的原型（侏儒怪）等，妇孺皆知。原型可以是正面的，也可以是负面的，它们包含了我们所熟知的能量。在梦中，它们常常超越我们日常生活的层面，揭示出更深层次的东西。

注意你梦中的原型人物，如圣童、法师、情人、殉道者、法官、战士、女神、变形者等等。如果你有兴趣学习更多关于原型的知识，不妨给自己找一些原型卡片，这样你就可以熟悉每一张卡片相关的积极和消极因素。从原型的角度来思考是一种有用的方法，能帮助你看清一个纷乱或难以理解的梦。许多梦都有原型元素或角色，但真正的原型梦是高度象征性的，往往涉及创造、死亡、危机或重生等人类核心问题。从原型梦中可以看出，人类本性的普遍模式，通常是以永恒的形象出现的。

在我的一个讲座上，一位男士分享了他的梦境：一座高耸的大教堂，当他进去的时候，他看到石头地板上有个洞。他往洞里瞧，看到一个拿着干草叉的红魔鬼。

这个梦把魔鬼的普遍形象放在基督教信仰的象征——大教堂——的中心。这反映了做梦者的压抑，"魔鬼"的出现可能代表着做梦者的一场精神危机。梦境运用了惊吓战术和强大的宗教原型来抓住做梦者的注意力，然后大喊："这里发生了一些你需要知道的事情！"

清醒梦：

这里说的梦也可以同时归入其他类别，不同的是，清醒梦者在梦里知道他们在做梦。清醒梦往往特别生动而难忘。清醒梦者可以主动引导梦境；可以选择对剧情做出主动反应，比如说直面恐惧；还可以实现现实中不可能发生的幻想，如飞向星空。第三章会进一步探讨清醒梦。

灵魂梦：

这些是更高层次的，关于灵性和灵魂的梦。它们通常涉及光、美丽的大自然、发光的生物等等，具有灵性的品质。我的一位女性朋友梦见一个闪闪发光、充满活力的女菩萨飘浮在她的床上。我曾经梦见过蓝色的光柱，它们看起来来自高级智慧生命。这样的梦将我们与人类深层次的光与智慧联系在了一起。第十章将详细探索灵魂梦。

一些解梦的例子

以下是一些解梦的简单例子，让你了解梦境的交流方式，以及语境和分析在理解梦境中的重要性。记住：梦是属于做梦者的！只有做梦者本人才真正知道他的梦是什么，永远不要把你的解释强加给做梦者，时刻保持这种尊重非常重要。

我车里的散热器盖子爆炸了。

这是否意味着做梦者的汽车接下来几天会出问题？还是暗示他自己的身体已经出了问题？这个梦一直是个谜，直到做梦者告诉我们，他前一天发了一次大脾气。现在这个梦就容易理解了！甚至有一个很接近的俚语可以直接来解析："他气炸了。"这个梦很有可能反映了这个男人在处理他前一天的失控行为。

我得穿过马路到街对面去。

你可能会想，穿过马路过街，这是个多么平常多么普通的梦啊。有些人还会认为，这种梦属于典型的随机梦境，毫无意义。但如果我告诉你，做梦者是一个快死于艾滋病的人呢？在美国有一句常用语："He crossed over to the other side."（他去了另一边）现在我们可以看到，这并不是一个无聊或普通的梦，这个人正在准备着我们每个人终有一天都要经历的终极旅程：死亡之旅。

一副魔术师的手套在空中飞舞，然后它们靠近我，开始掐我。

这个梦有很不寻常的意象，但究竟是关于什么的呢？是做梦者睡前看了恐怖片吗？只有当我们了解到做梦者是一个小女孩，每当哮喘要发作时她就会做这个梦时，我们才能理解这个梦。小女孩呼吸困难的身体症状，被梦境转化为窒息的意象。

一只垂死的海豚离开了水，完全变干了。

为什么会梦见一只垂死的、正在变干的海豚？为了了解更多此梦的信息，我们需要找出做梦者的关联项和生活状况加以分析判断。这就是为什么'梦属于做梦者'：只有做梦者才能真正知道梦指的是什么。这个做梦者是一个故步自封的艺术家，他觉得自己的创作灵感（梦中的海豚）完全干涸了。

梦很深刻，也很间接。有时正是这种间接性让梦变得如此晦涩难懂，即使对做梦者本人来说也是如此。我们刚才看到的每一个梦，如同镜子一般，展示着做梦者的日常生活，却都涉及深层次的问题和忧虑，而且都是通过间接的、隐喻的方式表达出来的。你能看懂这些梦传达真相的这种象征性方式吗？如果能看懂，那么你很快就能和你的潜意识流畅地交谈了。

欢迎前来领略象征性的、情绪性的梦境语言！

如何解梦：核心技术

梦就像洋葱，它们的核心藏在许多层下面。有些梦揭开一层，又有包含更丰富信息的新的一层，一层层揭开的过程可以长达数周、数月，甚至数年。我们这里有一些简捷的方法可以帮助你到达梦的核心。

练习7：
重新进入梦境

这是一个基本技巧，你可以在整本书中找到它的变体，因为这是一个做梦的好方法。瑞士精神病学家卡尔·荣格发明了一种叫作"主动想象"的技术，他用这种方法来关注所有内在的意象，比如记忆或白日梦，甚至是情绪或情感，以便发现更多关于它的信息。就梦而言，主动想象法意味着做梦者是在清醒状态下以想象的方式重新进入梦境。

1. 找个安静的地方，放松，闭上眼睛。

2. 把关于梦境的记忆生动地带进你的脑海里。看看那些色彩，感受下当时的情绪，注意下细节。花点时间想象一下梦境，重温一遍。

3. 现在你已经准备好做梦了，可以专注于脑海中的图像，观察它的移动和变化，或者尝试以下任何一种方法。

练习8：

梦与现实建立联系

---

1. 按照上述练习重新进入你的梦境，然后找出你梦中最强烈的情绪。是决心、欢乐、恐慌、悲伤还是厌恶？

2. 问问自己：在我的生活中，在什么地方能感受到和这个梦中相同的情感？以上我们看到的例子都表明了梦与现实生活的联系是多么紧密。生活背景很重要！

3. 这种练习对破解梦的密码很有帮助，因为它能将梦境与现实中的生活或过往的事件联系起来。如果这种情况发生在过去，这个梦表明你对过去的那件事仍然有强烈的感觉。如果是和当前的情况有关，那么对这个梦做进一步的研究将对你的生活很有帮助，它可以帮助你摆脱负面情绪，找到可能的解决方案，并且应用到你的现实生活中。

举个例子，我前面提到的那个女人梦见自己被困在一个纸箱迷宫里，她运用"梦与现实建立联系"的技巧发现，当想到自己被困在工作的死胡同里时，她也会有同样的恐慌感。当我们一起解析她的梦境时，她意识到，在梦里，她像只老鼠一样四肢着地在迷宫里爬行，要想走出她的梦幻迷宫，她只需要站起来，这样她就能看到出路！通过这个分析，她明白了，她也需要在现实生活中"站起来"，从不同的角度审视一下自己目前的工作状况，然后她才能看到一条出路，摆脱目前难以忍受的局面。

练习9：

外星人技巧

这项技术你可以用你的想象来单独完成，也可以和一个乐于假装自己是外星人的朋友一起来完成。（朋友不就是用来做这个的吗？）

1. 重新讲述你的梦，但是假装你是在告诉另一个星球的外星人。

2. 外星人不知道窗户是什么，不知道偷窃是什么，也不知道巧克力是什么味道。当你讲述你的梦时，停下来解释一下梦境里你认为比较关键的画面和行为。这样做，不仅是一个揭示你对梦境的个人理解的过程，还能激发令人惊讶的洞察力。

3. 不要过多地思考你的解释——当你想到梦中看到的特定画面时，最好是第一时间说出脑海中浮现的第一件事。以门为例，一位做梦者可能会说："门是你可以通过它到达另一个新地方的东西。"另一位做梦者可能会说："门是当它被锁上时，你就会被困在里面的东西。"每一个描述都让我们洞察到一种梦境意象，也让我们能更接近其真实的象征意义。

4. 你对梦境的解释可能会让你不由自主地联想到现实生活："我感觉自己为情所困，好像被锁在里面一样！"如果你有了这样一个重要的洞察力，那么就到了更深一步解析梦境的时候了。

解开我"飞驰的骏马"之梦

为了说得更清楚，我将用自己的一个梦来展示下面的技术：如何获得额外的洞察力，直到梦被完全解开。这些技术没有特定的顺序，它们既可以单独使用，也可以组合使用。在这儿它们是按照我解梦的顺序出现的。一个很好的经验是，如果你觉得一个技巧的效果不尽如人意，那就选择另一个技巧去继续解梦。以下是我的梦境：

我在公园里看到一个真人大小的雕塑，那是一匹奔跑的骏马，完全是用冰冻的香槟做成的！当我靠近它的时候，我能看到里面有成千上万的香槟泡泡。

练习 10：

自由联想

弗洛伊德学派的这个自由联想的方法很有帮助，它鼓励我们在解梦时自由流畅地思考。

1. 从你的梦中选择一个人、符号、物体、地点或情境。先关注核心画面和梦中角色。

2. 在一个放松的状态下，展开联想、记忆和感觉，把你的联想记下来。一个有用的方法就是问问你自己："对我来说，什么是……

（插入描述梦境的词语）？"当我开始解析这个"冰冻香槟雕塑之飞驰骏马梦"时，我问自己："对我来说，什么是飞驰的骏马？"我想到了："强壮、有力、充满活力。"同样，对于香槟酒，我想到了："嘶嘶作响、令人陶醉、烈性、强效。"当这些联想出现时，我意识到这个梦是关于力量和能量的，但我仍然不能完全理解这个梦，为什么力量和能量在梦境里被冻结了呢？

3. 在某些情况下，自由联想足以帮助做梦者准确理解梦的内容，但如果还达不到目的，那么，你最初的联想可能还需要与其他技术结合起来（比如说下面的技术）。

练习 11：

将梦境作为自己的一部分来探索

---

1. 这个练习的理念是：梦境的每个方面、每个画面都是自己的一部分。将梦境里的核心形象或重要事件提取出来，想象这是自己的一个方面。思考一下：这会是自己的哪一方面呢？

2. 核心形象非常重要，因为它为梦的符号搭建了一座语言的桥梁。针对核心形象提问有一定技巧。不要直接问"香槟骏马代表了我的哪一面？"，而是要问自己："我的哪一部分是强壮的，有力量的，充满活力的，嘶嘶作响的，令人兴奋的，强有力的？"答案很快就出现了：我的创造力。

3. 一旦你对"我的哪一方面"有了答案，你就可以进一步深入询问，弄清楚为什么自己的这一方面在梦中会出现如此独特的情况。

把冻结的骏马看作我自己的创造力部分，这让我找到了这个梦的关键：为什么我的创造力冻结了？当我问自己这个问题时，我马上就知道答案了。我一直专注于我"必须"做的事情——必须在最后期限前完成手头的研究，但我真正想做的是继续写我的小说，以及自由自在地呼吸。新的想法在我内心不断涌现，不断加强，但是我忙于应付最后期限，无法付诸纸笔。这个梦告诉我，我正用相当大的力量控制着这种澎湃的创造力——梦中图像显示的不仅仅是一匹冻结的骏马，而且是用香槟做成的骏马！想想香槟瓶塞有时会从瓶子里爆出来的力量吧！正是我内心巨大的紧张创造了这个梦境。

现在让我们来看一种富有想象力的治疗技巧，我曾经用它来改变我冰冻骏马梦的内心电影。这个技巧涉及与梦互动的更高层次，并可以用于所有的梦。这是个快速深入梦境的好方法。

练习 12：

梦话技巧

---

20 世纪 50 年代初，德国精神病学家弗里茨·珀尔斯创造了格式塔疗法：让人们"成为"他们自己梦中的一个元素，并用这个元素的声音说话。我的梦话技巧结合了荣格的主动想象法（见练习 7：

重新进入梦境）和珀尔斯的格式塔疗法。这意味着做梦者以想象的方式重新进入一个梦，然后用梦中人物的声音说话或提出具体的问题来解开梦的含义。它不仅可以用于梦中人物，还可以用于梦中物体或环境特征，如梦中的河流。你需要的只是想象力和同情心。你的潜意识会做剩下的事。

梦话技巧可以让你洞察许多类型的梦，并且对噩梦也有好处，因为它可以帮助噩梦自动转化为疗愈的梦或其他积极的东西。不过，如果你选择做一个噩梦，那么当你在这个练习过程中感到害怕或不安全时，记住，你可以通过睁开眼睛和深吸一口气来中止这个过程。

1. 放松，闭上眼睛。在你的脑海中生动地再现你的梦境。再次感受颜色、感觉和情感。看着你的梦像电影一样重放，然后走进去。

2. 你梦中的哪一部分情绪最强烈或最令人惊讶，就将你的观想移动到哪一部分。专注于你想要交谈的梦中的人或物，看着他们，感受他们的能量和情绪。

3. 保持闭眼，在你的想象中与他们交流，问一些问题，比如："你有什么话要对我说吗？"或者："你为什么在我的梦里这样做？"注意他们的表情和肢体语言的任何变化。不要教他们说话，相反，你应该给他们一些时间，让他们自己来回答。这样你就更有可能得到有意义的回应。

4. 你可以自由发挥你的想象力。梦不是一成不变的，它可以发展成任何可能。不要拘泥于原来的角色，用任何自我感觉正确的方式行事即可。

5. 如果你想深化这一过程，试着"成为"梦中的人或物，从他的角度用他的声音说话。发自内心地走进他，说出心里话。想成为谁就成为谁吧！想说什么就说吧！记住，梦就是你自己，所以你是在和你自己的不同部分说话。你可能会发现自己先是作为梦中人说话，然后又作为自己说话，来回穿梭。这听起来可能让你有点困惑，但一旦你重新进入梦境，你应该很快就会习惯这种富有想象力的梦境。

当我重入梦境，用那匹冰冻的飞驰的香槟骏马的声音说话时，它的绝望融化了我的心："快把我弄出去，我需要奔跑！求你了，放了我，否则我会死的！"显然，我需要继续写这本小说，以释放不写作带来的巨大压力。我问它："我怎样才能放了你？"我碰了一下冰雕，那匹冻马就变成了一匹真正的马，飞奔到绿色的草地上。

6. 根据你想要的，你可能希望从梦中得到建议或礼物。你只需要问你梦中的人（或动物，或物体）："你有礼物给我吗？"看看会发生什么。

7. 当你准备好了，通过深呼吸和睁开你的眼睛回到正常的清醒意识。看看发生了什么变化。你现在更了解你的梦了吗？你感觉如何？你可能会发现，写下你重入梦境后发生的事情，你对当前生活状况的新见解，以及你打算如何改变它（如果需要的话），都是非常有用的。

那匹冰冻骏马的梦境促使我将自己的创造力从暂时的束缚中解

放出来：尽管"看上去没有时间"写我的小说，但我还是坐下来一幕接一幕地写起来了。这种创造力的急速释放，实际上帮助我更快地完成了研究，我的头脑也更清晰了。

除了这些解梦核心技巧，定期浏览你的梦境日记，多注意梦境中的模式、梦境符号、反复出现的主题和情绪等，都会很有用的。这样做可以帮助你熟悉自己的梦境生活，你对梦境的研究越多，就越容易理解它们。熟悉你梦中的特定意象，跟随联想抵达梦的核心。如此定能让梦境保持活力，让它们呼吸、成长，发布见解。

解梦的方法有很多种，你可能需要一点时间才能发现自己更喜欢哪种技巧。如果你一开始还不确定应该使用哪种技巧，那么重新进入你的梦境，并回答以下关键问题，这可以帮助你理解梦境的含义。

练习 13：

解梦的 10 个关键问题

---

1. 在梦里你是谁？（年轻的自己，一个观察者，动物，其他人，或者今天的自己。）

2. 你在梦里有什么感觉？最强烈的情绪是什么？

3. 这些情绪是否与你过去或现在的生活产生共鸣？

4. 梦中的核心形象或场景是什么？（"核心"是指中心的、最吸引人的、最有活力的或最情绪化的形象。）

5. 你对这个核心形象或场景有什么联想？记下关键词或短语。

6. 如果你梦中的每个人物、每个符号都代表了你的一部分，那么这个核心形象代表着你的哪一部分？（使用关键词技巧，这样更容易与核心形象联系起来。）

7. 如果你问的是梦中最负面或最可怕的部分，假设它有话要对你说，它会说什么？

8. 你的梦里有什么光或者美景吗？比如水面上的月光，或者是充满活力的动物或人。闭上眼睛，集中精神。问它："你想让我知道什么？"它可能会做出回答，或者变成别的东西。

9. 这个梦到底想要什么？思考一下梦里的行为和情绪，以及任何意外事件或意外的感觉。有时候，从你的梦中退一步，把它当成一部电影来看，这可以帮助你明确梦境想要传达给你的信息。

10. 如果你能回到你的梦里并改变结局，会发生什么？

醒在梦中

第二部分

Part 2

DREAM

THERAPY

第三章

如何做清醒梦

所谓清醒梦，就是我们在梦中知道自己在做梦。

清醒梦的"清醒"指的是我们的意识在梦中"清醒过来"，意识到这是一个梦。注意：清醒梦不是醒着的状态下做的那种白日梦。

清醒梦发生在我们睡着的时候。它和普通的梦不一样，普通的梦里我们盲目地接受一切不可思议的场景。比如"我挂在悬崖边上，一只狮鹫向我俯冲而来，它向我伸出了爪子"。这么疯狂的事情发生在我们身上，但是我们毫不怀疑其真实性。大多数的梦就是这样，我们在梦里会把梦当真，因为梦里的感觉是如此真实，只有当我们惊恐地醒来时，我们才意识到根本没有什么悬崖，也没有什么狮鹫，只有静静躺在床上的我们，一身冷汗，安然无恙。

如果是清醒梦，就不同了。在清醒梦里，做梦者知道自己现实中的身体是睡在床上的，知道眼前所看到的、触摸到的、感觉到的、尝到的、闻到的东西都是梦里的东西，这种感觉太奇妙了！

通常，当我们意识到自己在做梦时，整个梦境就会变得越来越清晰，色彩更加生动，感觉更加真实。它的美妙之处在于，我们没有理由对梦中的任何东西感到恐惧，因为我们知道，自己肯定会在床上安然无恙地醒来。

我们可以在清醒梦中做诸多"不可能"的事情，比如飞。许多人在第一次做清醒梦时就会选择飞，因为飞的感觉实在是太美妙了，当我们在空中掠过时，我们皮肤的每一个毛孔都充满愉悦和超脱感。有的清醒梦带有性冲动——许多清醒梦发生在快速眼动睡眠期间，快速眼动睡眠阶段的一个特征就是生殖器自然处于兴奋状态。也有的清醒梦不带情色，做梦者对梦境有很深的好奇和戒备，同时对梦境又有强烈的探索欲望和控梦的欲望。

当我们充分意识到我们是在做梦时，也就是知梦时，只要我们愿意，我们就可以控梦。我们可以引导梦境、改变梦境，也可以观察我们的思想和情绪对梦的影响。当然，我们也可以不控梦，简单跟随梦的剧情走也可以。大多数人可能以为清醒梦就是控梦，其实清醒梦并不意味着我们一定要控梦。我做过许多美妙的、无与伦比的清醒梦，很多时候我根本没有尝试去控梦，而只是跟随情节，随梦逐流。

来自内界的信号

早在 1975 年 4 月，英国赫尔大学（University of Hull）的先驱心理学家基思·赫恩博士（Keith Hearne）就首次用科学的方法证明了清醒梦的存在。在睡眠实验室里，一位经验丰富的清醒梦者艾伦·沃斯利被连接到大脑监控设备上，当他在梦中知梦时，他在梦里做出左右移动眼球的操作，这是他和赫恩博士约定的信号，这些信号被仪器清晰无误地记录了下来。这是来自梦境这个"内在世界"的第一个信号，第一个从梦中发送到外部世界的信号。这个实验可谓极具突破性和开创性。因为在当时，人们有很多关于清醒梦的怀疑：人怎么可能在梦中"醒来"呢？

在基思·赫恩发现清醒梦的同时，清醒梦的书籍也在冲击市场，如 1974 年帕特里夏·加菲尔德博士（Patricia Garfield）的《创造性地做梦》和斯科特·斯派洛（Scott Sparrow）1976 年所著的《黎明曙光》等。1981 年，精神生理学家斯蒂芬·拉伯奇博士（Stephen LaBerge）在美国发表的独立研究报告进一步证实了赫恩的发现。从那时起，就开始有成百上千的清醒梦研究；开始有清醒梦主题的电影；开始有清醒梦探索类的小说；开始有很多人，从神经学家到哲学家，常年致力于清醒梦的研究。

现在，人们越来越热衷于用科技帮助人做清醒梦。有人开发了清醒梦智能手机 APP 和清醒梦眼罩，当监测到做梦者进入快速眼动睡眠时，眼罩会闪出彩色的光，让做梦者意识到自己在做梦。各国科学家也在积极开发有效的清醒梦触发器。2014 年，临床心理学家乌苏拉·沃斯（Ursula Voss）和她的德国同事发现，当睡眠者进入快速眼动睡眠时，通过在睡眠者的大脑中施加大约 40 赫兹的电流，就有可能在睡眠实验室触发清醒梦。实验的结果是 77% 的受试者在梦中变得清醒，尽管他们以前从未经历过清醒梦，这可是一个惊人的数据。好吧，无论你多么渴望做清醒梦，上面这种通电的方式可千万不能在家里尝试！接下来我会告诉你最好的方法，让你在梦中自然变得清醒。

清醒梦的创造力

几个世纪以来，梦的意象和清醒意识的有力结合一直是科学发现和创意突破的动因。文学史上第一部科幻小说，英国作家玛丽·雪莱（Mary Shelley）所著的《弗兰肯斯坦》就源于她在 1816 年做的一场噩梦，她梦见一个男人用被丢弃的人体器官创造了一个僵尸。1844 年，缝纫机的发明者埃利亚斯·豪（Elias Howe）努力想弄清楚如何给机器装针，他梦见自己被野蛮人抓住了，野蛮人威胁说如果他完不成就杀了他，埃利亚斯注意到野蛮人的矛尖上有个眼状的洞。他醒来后立刻就明白了，要完成缝纫机的发明，需要在针尖上打洞。类似案例数不胜数，比如音乐家保罗·麦卡特尼（Paul McCartney）、作家斯蒂芬·金（Stephen King）等现代大师都把创意突破归因于他们的梦。

科学研究表明，清醒梦能激发创造力。

心理学家塔达斯·斯图布里斯（Tadas Stumbrys）和迈克尔·丹尼尔斯（Michael Daniels）在 2010 年展开了一项研究，测试者被鼓励在清醒梦中寻找一位"大师"，并请求大师对一些问题提供创造性的解决方法。研究结果表明，在处理更具创造性而非逻辑性的任务时，清醒梦可以帮助解决问题，而梦中的人物也的确可以为做梦者提供合理的创造性建议。

我在博士论文研究中调查了清醒梦如何帮助艺术家和作家变得更有创造力。举一个我研究的艺术家创作案例，画家阿皮克·杜弗尔（Epic Dewfall）在知梦后，就直接走进美术馆，去看他最欣赏的画，然后他会把自己弄醒，画出草图。一个小说作家会用他在清醒梦中体验到的"不可能"的身体感觉作为小说中幻想场景的灵感，比如以光速射入太空。清醒梦的创造力是无限的。

每一个愿意花时间和梦境交流的人，都可以实现这一极具价值的创作过程。

这个过程可以用一个简单的等式来概括：

显意识觉知 + 潜意识意象 = 转变。

任何一种梦境工作都会把我们的显意识觉知和潜意识意象结合在一起。通过练习本书中的技巧，我们也学习了不同的方法来加深这种显潜之间的交流。不过，如果是清醒梦，我们直接在梦境中"醒"过来，我们将同时获得显意识觉知和潜意识意象，这将直接给我们带来强大的转变，比如惊人的创造力、心理洞察力和深度治疗等等。

下面我就告诉你一种观想的方法，帮助你在梦中清醒。

练习 14：

清醒梦的观想技术

◎ 观想是一种强大的清醒梦辅助技术，简单易行。

◎ 空闲的时候，选择你的一个梦，闭上眼睛，重新进入它，想象你在梦中意识已经清醒，想象得越生动越好。然后想象一下你会如何改变梦境或者控制梦境。你会像海豚一样游泳吗？会骑着有翼的龙兜风吗？还是回头质问那个影子为什么又来跟踪你？

◎ 你可以随时随地用这种观想的方式做白日梦。如果是在办公室，不方便闭上眼睛，你可以在电脑前试着模糊虚化你的视线，一分钟就能进入状态，你也可以在排队买三明治的时候做观想练习。只要你愿意，随时随地都可以。

◎ 用这种方式重入梦境，我可以玩一整天。这种和梦中思维连接起来的方式不但感觉美妙绝伦，同时也向潜意识发送了信息，告诉了潜意识你是多么有兴趣加深彼此的关系，多么想获得梦中的清醒，这些信息对于做清醒梦非常有帮助。

◎ 晚上睡觉前最后一件事情，就是闭眼再做一次观想，然后专心睡觉，并且重复心理暗示："今晚，我要在梦中清醒！"

噩梦、清醒梦和治愈

清醒梦可以帮助我们治愈噩梦。2006 年，维克多·斯波尔马克（Victor Spoormaker）和简·范·登·布特（Jan van den Bout）开创了一项试验性研究，以确定清醒梦是否能帮助转变噩梦。参与者被告知在清醒梦中改变噩梦的可能性，也被告知一些在日常生活中如何将噩梦变成美梦的实用技巧。研究结果显示，与对照组相比，那些做了清醒梦或者掌握了噩梦变美梦技术的人，他们的噩梦显著减少了。这表明，对治愈噩梦来说，清醒梦技术以及化噩梦为美梦的心理练习都是很重要的。

恐惧属于七情六欲，人人都会恐惧。恐惧会给我们带来困难，带来痛苦。解铃还须系铃人，只有直面恐惧才能战胜恐惧。当你在清醒梦中有勇气直面恐惧时，你会发现其实它根本没有那么可怕。

所以，要战胜恐惧，最好的方法就是在梦里面对它。我们可以酝酿一个梦来面对自己最深的恐惧，或者直接在清醒梦里创造一个这样的梦，这种练习可以帮助你战胜恐惧。

清醒梦具有巨大的治疗潜力。它让我们有机会在一个超级拟真、多感官的环境中排练演练（比如把可怕场景变得美好）。这种效果是有益和持久的，反复出现的噩梦可以只用一个清醒梦就得到解决。这就是清醒梦在心理治疗中被使用得越来越多的原因之一，而且，你在梦里就把治疗做了！

清醒梦可以帮助我们治愈过去，优化现在，创造更好的未来。

当做梦者知道他是安全的，最终结果一定是在床上安全地醒过来时，他会敢于去面对噩梦中的"恶魔"，根深蒂固的消极心理会被释放，创伤意象可以转化为疗愈意象。在一个清醒梦中，你可以在知梦后就请求梦境治愈，就像迈克尔·赖斯在下面的梦中所做的那样。

迈克尔的梦：来自大天使加百列的治愈

我在一间旧卧室里，意识清醒了。我飞到房子外面的街道上，大喊着"Zamran a Etharzi, Archangel Gabriel"（和平出现吧，大天使加百利），来我梦里……我在天空中看到了一个巨大的直升机升降平台，上面有一个巨大的楼梯通往天堂。我降落在一个垫子上，仰望那个楼梯的顶部，看到有一个东西，带有巨大的翼！突然之间场景充满了强烈的光线，我就像在盯着太阳，我有一种强烈的宣泄感和情感释放的感觉。那个有翼者高高在上，无条件的爱和接纳从他身上流向了我，这股爱流甚至溶化了我脚下的行李。

当我从这个清醒梦中醒来时，我感到我的内在自我在哭泣，我的创伤在治愈。一两天后，我重新振作，焕发了活力，对生活充满了满足感和新鲜感。当一个人处于治愈期时，宣泄释放的过程可以是相当密集的。

清醒与觉知

和"清醒"密切相关的是"觉知",我们是如何在现实生活中保持清醒的?我们越关注当下的生活,就越能发现我们的思想是如何改变现实世界的。思想是我们改变世界、创造未来的源泉。我们不断地思索人生、不断地培养意识,培养更清醒更理性的思维方式、行为模式和人际关系。由此,我们开始有"觉知"地生活。

当我们睡觉和做梦的时候——为什么要浪费我们的生命呢——清醒梦是帮助我们觉醒并有意识地改善我们生活的有力工具。当我们治愈了过去,优化了现在,会发生什么?我们会自然而然创造出一个更美好的未来,因为我们当下已经是一个比刚才更快乐的人。这就是创造现实。而这一切都是关于"觉醒"——在梦中和现实中觉醒——现在就"觉醒"吧,跟随内心选择,肯定自我价值,一切力量都在当下。

当下思想,创造未来。

你没有必要看完这本书就一定要成为一名清醒梦者(或梦控师)。我们在醒着的时候,也可以做到一些类似清醒梦的体验,一样能有很好的效果。

不过,清醒梦这种令人愉快的治愈体验,不去尝试就太可惜了。清醒梦为梦打开了觉知的大门。如果你想提高你的觉知水平,可以试着每天冥想五分钟,然后逐渐积累起来,直到它变成一种习惯。

下面这段简短的冥想练习，只需要一分钟，就能帮助你巩固你做清醒梦的意图。

练习 15：
清醒的感恩冥想

放松，闭上眼睛，深呼吸几次。现在，设定一个意图：我要在梦中"醒来"，我要在现实中"醒来"。

提醒自己："我可以意识到我在做梦，任何时候都可以。我有这种能力，我可以随时用到。"当你设定这个意图时，要心存感恩，就好像你的愿望已经实现了一样。

感恩之情让你内心微笑。让微笑一直保持到你睁开眼睛的那一刻。保持这个清醒的内在的微笑，让它伴随你人生的每一天。

在清醒梦里你能做什么？

在清醒梦中，世界都是你的，你可以做任何你想做的事。一些有趣的研究表明，人们在清醒梦时所做的事情会对他们现实生活中的表现产生积极影响，尤其是运动方面：在清醒梦中练习一些技能，会提高现实生活中的水平。

德国海德堡大学的梅拉妮·夏德里奇博士（Melanie Schädlich）

的研究表明，运动员在清醒梦中可以练习任何东西，从游泳到拳击，在他们醒来时，可以看到他们的实际技能有所提高。研究人员推测，在清醒梦的高度拟真的 3D 环境中进行运动时，大脑中的神经通路会得到强化。

2010 年，丹尼尔·埃拉赫尔（Daniel Erlacher）和迈克尔·施莱德尔（Michael Schredl）进行了一次抛硬币实验：40 个人尝试将一枚 10 美分硬币投进杯子里 20 次。头天晚上，他们中的一些人被建议在清醒梦中练习投硬币任务。第二天，40 个人全部参与实验，那些在清醒梦里练习过这项任务的人表现出了显著的进步。可见，清醒梦中的练习，可以作用于生理上的神经通路，从而也使我们在现实中有更好的表现。

清醒梦中，你还能做以下七件事：

◎ 体验各种幻想。

◎ 通过向梦（或梦中的人）求助来解决人际关系问题。

◎ 尝试现实中做不到的事情，如飞向月球或把自己变成海豚。

◎ 如果你在某种程度上感到不安、生病或痛苦，你可以请求梦的治愈，或者向另一个人发送这种疗愈能量。

◎ 化解悲痛，在清醒梦中见到逝去的亲人，并与他们交流沟通（见第九章）。

◎ 把睡眠麻痹的经历（身体动弹不得，可能会经历可怕的场景）变成美梦（见第七章）。

◎ 体验合一、极乐和灵性连接的感觉。

随着好莱坞电影《盗梦空间》的成功以及媒体的日益关注，清醒梦已经激起了全球的兴趣。今天，越来越多的人在问：我如何才能学会做清醒梦？心理学家拉皮娜和同事在 1998 年进行的一项研究表明，92% 的人在学习了关键技术之后能够成功地做清醒梦。如果你把好奇心、意志力、自信与核心的清醒梦练习（比如梦境日记）结合起来，在日常生活中提高觉知能力，你就会在你的梦里"醒来"。

以下是我最喜欢的清醒梦练习。

练习 16：
"清醒"九步法

这个"九步法"接自第一章"睡个好觉"里面的五步计划：一旦你建立了良好的睡眠卫生，你就可以开始做清醒梦了。

该练习结合了提高觉知能力与清醒梦诱导的技术。这些技术一起练习可以得到最佳结果——不如就从今晚开始吧？清醒梦是一种唤醒自我，了解人生，甚至是了解宇宙意识的方式，绝对烧脑，让人兴奋不已。只要你带着尊重、勇气和好奇心去做这件事，你就会有足够的能力获得清醒梦，获得更快乐的人生。

1. 坚持写梦境日记（见第一章）

这是与你的梦建立深层和持久联系的最好方法，将为清醒梦打下坚实的基础。通过写梦境日记，你将能识别出你梦里的专属意象和符号。你越熟悉这些，就越容易意识到自己在做梦。清醒梦变成了一个简单的识别游戏，只要在梦中认出它们，你就会知道："啊哈，这是一个梦！"

2. 冥想

冥想是一种伟大的觉知技巧，是一种在生活中觉醒的方式，同时也是我们在梦中"醒来"的好方法：在睡觉前你只需进行 5 到 10 分钟的冥想就能创造奇迹。我坚持冥想和瑜伽已经将近 25 年了，我发现这两种练习都会触发清醒梦。

冷静地观察你的想法而不介入，那些无穷无尽的杂念、幻想和痴迷会像马戏团的猴子一样，尽一切所能吸引你的注意。不要理它，放松，让它喋喋不休，就当它是一个在后台播放的电视节目。

将你的注意力集中在当下（专注于呼吸），你的杂念会越来越少，你会偶尔陷入虚无的空白中，在那一刻，没有思想，只有意识。这对清醒梦来说是绝佳的练习。

冥想加强了我们与潜意识之间的沟通，让我们头脑清醒并教会我们注重当下。我们需要这些技巧来让我们在梦里保持清醒。我们在现实生活中越清醒，那么我们就越有可能在梦里清醒。因为意识领域是相通的。

3. 进行现实检查（reality checks）

每天定时问自己："我在做梦吗？"当你照镜子，或者重读一段文字的时候，试着问这个问题。在梦中，我们经常在镜子里看到不同的东西，当我们试图重新阅读文字时，它们会变得混乱。如果镜子里有一个陌生人，或者你正在阅读的文字从书的页面上滑落下来，你可以确定你在做梦。试试下面这个简单的一分钟现实检查：

a. 深深地吸气、呼气，注意你所感知的一切：噪声、气味、身体感觉。

b. 充分意识到你的存在，此时此刻，世界在你周围展开。

c. 问自己："这是一个梦吗？"认真地问，满心期待这真是一个梦！毕竟，你怎么知道自己到底是梦是醒？

d. 放开遐想，如果知道自己身处梦中，你接下来会怎么做。你会飞向天际吗？向梦问问题吗？还是练习空手道？这些专注的遐想有助于你在梦中"醒来"。

4. 观察入睡图像

我们在入睡前，常常会经历奇奇怪怪的画面、声音或感觉，这就是所谓"临睡幻觉"。这是通向清醒梦的大门。当你睡着的时候，注意你的身体，你会先感到沉重，然后又会感到轻盈。一开始，你可能只会看到一些奇怪的线条或类似星星的光点，过了一段时间，你会看到一些奇怪的图像闪过又消失，然后这些短暂的梦前图像渐渐会停留更长的时间，并开始变化变形为其他的图像。这就是梦的开始！如果你能在这个过程中保持意识清醒，就能在这些现象出现时提醒自己："我现在开始做梦了"，然后你就可以跟着这些图像进入立体的三维梦境空间……恭喜你，这就已经是清醒梦了。建议你每天晚上做这种观察入睡图像的练习，即使只练几分钟。

5. 识别你的意识状态

你可以通过识别出你通常醒着的状态和你所处的其他状态之间的差异，在任何意识状态下触发"清醒"。例如"深度放松""入睡""做梦""带有奇怪幻觉的睡眠麻痹""醒来""白日梦"，等等。我们一天 24 小时之内都会经历许多意识状态。奇怪的是，我们通常只把我们的现实分成两种状态：醒着和睡着。事实上，意识状态可不是这么简单的非黑即白，还有许许多多的意识状态值得我们去探索，去体验。

6. 培养身体觉知意识

这是拥有更多清醒梦的有效方法。现在就感受一下你的身体。有什么不适吗？有没有任何疼痛，刺痛？你饿了吗，需要尿尿吗？当你醒着的时候，你的身体很少是 100% 舒适的。每天做几次快速的身体扫描，你也会习惯在梦中这样做：你是否感觉完全舒适、毫无痛苦？你是否感觉像羽毛一样轻？如果答案是 YES，可以试着飘起来浮在空中。哇，没错——你在做梦！

7. 午睡

我上大学的时候，经常是参加派对到深夜，第二天一大早又要上课。到了下午差不多 4 点的时候，我就会很困，需要睡个午觉。午睡成了我生活的基本元素，我的清醒梦的频率也前所未有地飙升，各种相关体验都大增，比如睡眠麻痹体验、清醒入梦临界体验等等。还有清醒梦充满着光的体验，所有的梦境图像全部消失了，只有你飘浮在光里（见第十章）。

当我们晚上没有获得足够的睡眠时，我们的身体需要补上这一部分，所以当我们午睡时，我们就会进入所谓"快速眼动睡眠反弹"，一种充满了奇异而生动梦境的轻度睡眠。对那些想做清醒梦的人来说，这是一种神奇的意识状态：睡眠不深，所以我们更容易清醒；梦境很奇怪，所以我们更容易注意到我们在做梦。如果我们在午睡前做好清醒梦的准备，在睡眠过程中反复暗示："我在做梦"，我们就可能会在某一时间点突然意识到，我们真的是在做梦！

如果午睡对你来说是不可能的，那你可以试试在清晨早醒，进行冥想，然后带着要做清醒梦的意愿回到床上睡觉。

8. 运用观想的力量

睡觉时运用清醒梦观想的技术，就像这一章之前讲的那样，清醒梦观想会向你的潜意识发出一个强有力的信息，并将帮助你在梦中清醒。

9. WBTB（Wake up，Back to Bed）技术

这项技术对做清醒梦非常有效——最近由德国研究人员丹尼尔·埃拉赫尔领导的一项研究发现，在睡眠实验室中，50% 的参与者能通过 WBTB 技术获得清醒梦。

把你的闹钟设为 5 个小时后响，然后睡觉。这样做是参考睡眠周期的原理，5 个小时正好经历完深睡期，接下来就将进入梦境丰富的快速眼动期。

闹醒后，起床 15—30 分钟，记录你刚才做的梦，再做一些与梦有关的活动，比如在 YouTube 上看一个清醒梦的视频。然后回到床上，回忆你刚才的梦，并且想象自己在那个梦里已经变得"清醒"。

如何在梦中保持清醒

在梦中变得清醒是如此令人兴奋，以至于许多初学者容易失去清醒梦状态而直接醒过来。下面，我总结了一些简单的技巧来帮助你在梦中保持清醒，稳定清醒梦。这些技巧最早出现在我的免费电子书《清醒梦的故事和技巧》中，你可以从我的网站 www.DeepLucidDreaming.com 下载。最好使用多种清醒梦稳定技巧，你可以在梦中做实验，找出哪种组合对你最有效。

练习 17 ：
保持梦中清醒的秘诀和技巧

1.保持冷静。当你意识到"哇，这是一个梦！"时，你往往会特别兴奋，缺乏经验的新手往往会直接醒过来。我建议你学习一种简短有效的放松技巧，在平时醒着的时候就可以练习。如果你练习过瑜伽就更熟悉这种放松技巧了，通过深呼吸，慢慢地、有意识地深呼吸，可以让你的头脑立刻平静下来。一旦你找到最适合的放松技巧，当你意识到你在做梦时，你就可以试试它。我自己最喜欢的方式就是深吸一口气，告诉自己："我很冷静。"然后呼气，说："这是一个梦。"

2.触摸梦境。伸手去摸梦中的墙，或者把你梦里的手揉在一起。移动你梦中的身体（梦体）——在梦境里到处走，体会脚踩大地的感觉，拍拍自己的头，原地转圈。在我的一个清醒梦中，我发现自己处在一个美丽的庭院里，并徘徊在一片郁郁葱葱的草地上，轻轻地踩在上面就像挠痒痒一样，我闻了闻旁边的罂粟花，闻起来就像真的一样。这些和梦境保持接触的操作，可以让我保持清醒梦状态的稳定。

3.你在梦中需要经常提醒自己："我在做梦。"如果你不习惯清醒梦，你很有可能会被梦的情节所吸引，以至于忘记这是一个梦。

4.做一些简单的运算，比如2加3，7乘7，这会刺激你的大脑，让你更容易保持住意识。

5. 当你感到梦境清晰度下降时，梦境场景会变得模糊，越来越稀疏，色彩也会越来越少，或者像果冻一样摇晃。你需要明确表达自己的需求，比如大声说："给我立刻变清晰！"或者"梦中的一切东西完全清晰！"梦会像你期待和相信的那样进行回应，而且成功率很高。

如果我不能在梦中变得清醒怎么办？

如果一开始你不能在梦中变得清醒，继续尝试，但不要太过执着。给自己时间，尝试不同的技巧，保持轻松和愉快。有时候，最好的事情发生于我们既专注又放松自然的状态。好消息是，我们在正常清醒状态时所做的梦境相关练习，可以被认为是一种"醒着版"的清醒梦，同样是很有帮助的。清醒梦的核心就是意识和潜意识的互动，所有涉及意识与潜意识之间的沟通交流的练习，都能促进我们做清醒梦，都是有效的清醒梦练习。

通过这些"醒着版"清醒梦练习，加上本章所介绍的清醒梦技术，练得越多越熟，你就越容易在梦中清醒。

清醒梦游戏：一种变革性的梦境工作方法

正如我们所知，在清醒梦里你可以自己引导和改变梦境。比如你可以大声喊出："我想看见一只大象。"你的梦中很有可能出现一只笨重的、皱巴巴的、栩栩如生的大象。

梦会对你的想法、情绪、意图做出反应，所以，如果我们想运用清醒梦来解决噩梦或治愈过往，方法有很多。

不过，要体验这些好处，你并不需要成为一个专门的清醒梦者。

事实上，就算你还没有做过清醒梦，你也可以通过本书的方法得到清醒梦疗愈的体验。

我研究了一套名为"清醒梦游戏"的方法。它是一种"醒着的清醒梦"，可以通过现实去镜像复制清醒梦中的各种可能。我们将注意力注入梦中，通过导梦、改梦，创造新的东西。在清醒梦游戏中，清醒的意识和深度的潜意识相互作用，共同创造出一些新的有价值的东西。

清醒梦游戏的美妙之处在于，任何人都能做到。有那么多不同的选择，你一定会发现至少有一款对你有效。这本书里，你将学习如何做以下几种清醒梦游戏：

识别梦（或噩梦）中的疗愈能量、形象或符号；

引导梦境转变和疗愈；

运用以梦为灵感的观想技术来减少痛苦和减轻身体疾病；

运用故事化手段转化噩梦；

超越消极的自我；

重新进入梦境，接受教导或治愈的礼物；

吸取梦境高能量，体验疗愈时刻。

我最中意的清醒梦游戏之一是"清醒梦写作"，它曾经帮助过许多人改变噩梦，识别梦中的治愈形象，创造生动的治愈场景。

变革性的清醒梦写作技术

我在 2003 年发明了清醒梦写作技术，当时我正在做一项研究：如何以清醒梦作为创造性的工具。清醒梦写作技术是一种"醒时"的清醒梦版本，它使我们能够有意识地参与我们最深的潜意识意象中，并能将这些意象转化出来。尽管最初我只是将此技术作为一种创造性的工具，但当我开始在研讨班教授此技术时，我看到了它的治疗潜力：成员们的报告中反复出现噩梦转变成了疗愈的图像；当成员们将梦写成新的东西时，新的见解和想法出现的时候，他们的心理障碍也消失了。在过去的十几年里，我在国际研讨会上教授了清醒梦写作技术。该技术作为一种治疗性的梦疗工具，已经被精神治疗专家所接受。

这个简单的技术建立在"自由写作"的概念之上：写作而不停顿，以保持与潜意识的联系。

我们的方法是从身心放松和观想开始的，比起现实中其他自由写作方法，这往往能使我们进入更深的状态。

本技术的核心焦点永远是梦，这意味着我们与我们的潜意识意象时刻保持着直接接触。

我们运用潜意识意象，让它自然生活、呼吸、成长为全新的东西，这个过程可以说是最深刻的"现实创造"。如造物主一般，我们可以引导我们的思想和内在意象，以疗愈的方式创造我们最好的生活。

梦之意象可以带你去任何地方：童年的回忆、当下的世界，甚至是一个你以梦境为跳板想象出来的虚构世界。在清醒梦写作中，你可以毫无恐惧地进入曾经的噩梦，通过潜意识的控梦达到治愈的目的。你所需要的只是一张纸、一支笔以及一个梦，写的时候不要多想不要评判也不要字字斟酌——随创造力自然倾泻，想写什么就写什么，完全不必在意语法、对错之类的。

如果你不喜欢写作，你可以选择自己喜欢的方法，比如：素描、拼贴或者录音等。在开始做之前，你需要确保那些必要的材料已经提前准备好了，以免准备不足导致你和梦之间的联系中断。

以下是清醒梦写作的步骤。你可以记下这些步骤，然后单独完成。也可以让你的朋友把步骤一步步读给你听，你照着完成。

练习 18：

清醒梦写作

1. 选择自己的一个较为生动的梦。

2. 识别出梦的重点，**找到核心意象**。如果这个梦很长很复杂，情节也颇为令人困惑，那就选择一个让你感触很深的元素或者动作。有时候，给梦取一个简短的小标题，可以帮助你确定它的核心意象。

3. **舒舒服服坐下来**，手头放上笔和笔记本，然后闭上眼睛。

4. **呼吸**：把注意力放在脊柱上，让背部挺直而放松。注意吸气和呼气。先做几次缓慢的深呼吸，然后吸气，再把头转向右边，然后头转回到中间，然后呼气。再吸气，头转向左，呼气，头回到中间。（注意：永远是头在中间时呼气。）继续做这种呼吸与头部的配合运动，一小会儿后，放松。

5. **观想金色的光**：眼睛仍然闭着，想象一道金色的光缓缓流过你的身体，温暖而放松。它流过你的头和肩膀，顺着你的脊柱，穿过你的胸腔，进入你的腹部，最后流过你的臀部，穿过你的腿，一直到你的脚。你现在整个人都被包裹在这金色的光里。你的眼睛仍然闭着，你可以在头脑中想象出一个空间，一个安全的、金色的空间。

6. **把梦的核心意象带到这个空间。**专注于你的梦的意象。试着去感受随之而来的任何情绪。注意梦的意象，也许它会移动并变成别的东西，没关系，让它发生。你只需要平静地观察它。

7. **不停地写**：当你准备好了的时候，把你的梦境意象留在你的脑海里，然后稍稍睁开眼睛。拿起你的笔，不停地写。你可能会发现你写的东西已经超出了它自己，变成了另一个东西：一个新的故事，一个新的结局。没关系，让它自然往新的方向上发展，你只需要如实记录。如果在这个过程中，你失去了专注，那就回到梦中去再来。不要分析你写的东西，让它自然流动，成为它想成为的任何东西。你可能会发现自己在写一段回忆，或者探索你与梦中某个人物的关系。都 OK！当你写作的时候，要慢而深地呼吸，就好像睡觉时那样。一直写下去，直到你觉得自己写好了。

史蒂夫的噩梦：毒蛇

当史蒂夫·波特霍夫在哥斯达黎加参加热带生态学野外考察时，他做了一场噩梦，梦到一条极毒的矛头蛇。

我和我的几个室友在一个小屋里，一条黑色的矛头蛇从房间角落里出来并游到我的脚边。我想赶走它，但它一直跟着我。

与史蒂夫的噩梦有关的主要情绪是恐惧。他想要超越这种原始的恐惧反应。在我的工作室里，我和小组讨论了梦中的动物，并分享了一个我自己的清醒梦，在那个梦里我发现自己和一只孟加拉虎生活在丛林里。我让研讨会的参与者们进入他们的梦中动物的内部，并用它的声音说话。于是，史蒂夫变成了毒蛇：

我是矛头蛇，猎杀是我的本能，专注而无惧。我自力更生，力量滋养着我。但是现在我是在哪里啊，地板上那个站在我上面的家伙是谁？当然这不可能是晚餐！突然，我意识到我有一个礼物要送给这个人，所以我费力地从床底下出来，此时金光一闪，我们融进了一棵参天大树，大树芬芳地绽放出纯净的水晶、金色的橘子和黑色的孟加拉虎。

史蒂夫在清醒梦写作时写道：

通过清醒梦写作变成梦中的动物对我来说很有效，具有很强的治愈效果。当我变成矛头蛇时，真正的转变就发生了。通过蛇的角度，我意识到我向那个人（我自己）前进的真正原因：我有一份珍贵的礼物给他，只要他能克服恐惧，接受它。

我意识到这条蛇送给我的礼物就是动物能量，生命本身，以及我们与生命之树中所包含的整个宇宙的联系。最后的孟加拉虎感觉就像一个综合的形象，这只优雅、勇敢、美丽的"大猫"是克莱尔给我们的团队提供的她梦中的动物，代表着对我内心中那条矛头蛇所包含的正面品质的肯定和尊重。整个经历对我来说就像一个英雄的旅程一般，我非常感激克莱尔的清醒梦写作技术带给我的智慧与祝福。

以这种方式写梦，超出了我们在第二章中看到的大多数理解梦境的技巧，因为清醒梦写作的目的不仅仅是进行更深层次的理解，而是从内在进行转变。当我们主动重新入梦，意识意象与潜意识意象流相结合，我们就可以有力地改变内心电影的内容。这种效果令人吃惊，而且持续长久。

在史蒂夫的想象中，他融入了蛇，然后成了一棵金色的光之树，再然后是一只孟加拉虎。曾经的噩梦自然而然地变成了治愈的意象。恐惧变成了喜悦。当我们以这种方式处理噩梦的时候，我们甚至可以获得礼物。史蒂夫创造了自己全新的治愈意象，在他任何想用的时候他都可以使用，这个优雅、勇敢、美丽的治愈梦的效果会伴随他一生。

你也可以很容易地做到同样的事情。

练习 19：
孕育一个清醒梦

1. 孕育梦由来已久，可以追溯到几千年前。这是一项很有用的关键技术。当我们特别想梦到什么事情时，孕育梦的技术可以帮我们带来一定的仪式感。你可能想在纸上写"今晚要做个清醒梦"，然后把这张纸放在你的枕头下面，或者在睡觉前做一个长时间的烛光浴，想象自己在梦中变得清醒。你可以在你的拳头里握一颗小石子，每次你在晚上感觉到它的时候，问问你自己是否在做梦。

仅仅是在夜晚抓住石子（每次醒来的时候找一下它）就可能会帮助你获得清醒梦。重要的是设定一个坚定的目标：今晚我一定要在梦中清醒，我要做清醒梦！

2. 把灯关掉之后，躺在床上，生动地想象着自己会在接下来的梦中清醒。你的清醒梦在哪里发生？谁在场？会发生什么？你可以用一个你以前做过的普通的梦来想象，想象一下如果在那个梦里清醒了，自己会做什么。坚定地告诉自己："今晚，我会做一个清醒梦。"

3. 当你渐渐入睡时，试着通过重复暗示保持意识清醒："我在做梦，我所看到的一切都是一个梦，我在做梦……"这样你就可以很快地进入清醒梦。如果这一步不奏效，那么在大约 5 个小时的睡眠之后，再尝试第 2 步和第 3 步（可以设置闹钟闹醒，也可以靠我们本身的生物钟自然醒）。加油！期待你在梦中清醒！

第四章

通过清醒梦游戏改变你的内心电影

═════

梦是我们熟睡时上演的内心电影。现实世界里，还有一部不停播出的内心电影，那就是我们的日常生活，可称为"现实内心电影"。

现实内心电影混合了多种内心元素，包括思想、欲望、恐惧、想象、对人和事的反应、担忧、信念、假设和期望等等。

人的大脑非常了不起，除了要完成其他日常任务，还要搞定一些复杂的工程，比如将外部的输入数据（人际互动和外部感知）翻译为我们自己能理解的内在数据。要说大脑常常会超速运转，一点也不奇怪。我们的大脑太熟悉那些持续不断喋喋不休的思绪和念头了，有时候大脑会忽视它们。

这就是危险开始的地方了，因为如果我们想改变一个东西，首先需要注意它。通常情况下，无益的想法会潜入我们的大脑，以消极的心理意象或限制性信念的形式融入我们的内心电影。随着时间的推移，它们在我们的内心电影中顽固扎根，并获得了越来越多的"放映权"。因为它们大部分是无意识的，而且我们日常生活中也没有对大脑中各种流动不息的想法和画面给予足够的关注，所以通常我们不会意识到它们的存在，直到我们的生活出现了问题。

在完全没有意识到的情况下，我们已经允许了一些消极或限制性的东西进入我们自身内部，成了我们看待自己、看待他人以及看待世界所使用的观念的一部分。这就是危险！

我们是谁，决定了我们如何对待他人，对待世界。当我们那部现实内心电影不断重复消极的画面和限制性信念时，我们就无法创造出我们最好的生活——我们想要的生活——因为我们还不是最好的自己。但我们可以改变，我们可以改变我们的内心电影，从而创造自己的最美人生。

梦境疗愈可以帮助我们改变内心电影。这一章是关于心理意识以及如何发现我们有能力改变我们不再需要（或想要）的东西。梦境疗愈可以帮助我们改变消极的东西，这些东西有时就像电影一样在我们的大脑中播放：抑郁的想法、焦虑的想法、自我憎恨的想法或判断、怀疑和消极的自证预言（自证预言是一种在心理学上常见的症状，意指人会不自觉地按已知的预言来行事，最终令预言发生）。

如果你在想："我脑子里真的没有上述这些东西。"这听起来很好，但即使是最快乐的人也会有陷入自我怀疑或消极的时刻，所以每个人通常都还有改进的空间。在日常生活中，关注你内心的想法和想象总是值得的，当你把注意力集中在你脑子里想的事情上，你就可以立刻开始改进你的内心电影，这件事很有价值。

至少，你可以练习正念，"观察"思想和念头的习惯对于触发清醒梦也是很有帮助的。最重要的是，你将给自己一个提升人生的机会。

改变你的内心电影可以帮助你提升人生：

1. 摒弃不健康的心理模式，改善你对自己的看法。

2. 在消极的自证预言有机会发芽之前，将它们清除。

3. 允许新的、更快乐的可能性发生。

4. 养成积极思考的习惯，创造愉快的心理场景。

5. 生活中体验更多的快乐时光。

6. 有意识地从焦虑走向平静，从抵触走向应变，从脆弱走向坚强，从悲伤走向快乐。

7. 创造你自己的最美人生。当你开始以不同的方式感受和思考时，你的内心感应也会改变，你周围的人也会对你做出更积极的回应。你会拥有更幸福的人际关系和更好的环境。在这样做的过程中，你就会发现自己正在创造你想要的生活。

我们每个人都可以活出自己，创造幸福，只是有时候我们不知道应该从哪里开始。当我们从梦开始时，我们的潜意识会告诉我们答案。

与梦合作是一种回归自我的完美方式。梦把我们带到生活的中心。梦可以帮助那些准备改变不健康人际关系的人，比如我的合作案例中的一位女士，她终于鼓起勇气在梦中对虐待她的母亲大喊："嘿，你他妈的以为你在干什么啊！"这种梦的能量是非常强大的，因为它们证明，受虐者不仅"可以"为自己挺身而出，而且是"值得"挺身而出的。当我们在梦中采取行动时，我们其实就为现实生活中的行动制定了范本。我们的潜意识已经经历过了改变，所以下一步会变得更加容易，只需要将潜意识内在的变化转化为现实世界中外在的变化。在梦中与母亲对抗的宣泄经历为这个女人在现实生活中变得更加自信奠定了基础。

梦可以帮助人们摆脱心理障碍，摒弃消极的行为模式。它可以帮助人们摆脱焦虑和恐惧，让人们成为他们想成为的人。目前许多人都缺乏与内在自我的沟通。当我们与自我的深层疗愈源头脱节时，我们就很难获得快乐和健康，因为我们不知道自己真正想要什么。事实上，没有人能比我们自己更好地治愈自己，我们每一个人都会治愈，因为我们每一个人都会做梦，梦本身就自带了智慧和治愈的天赋。我们只需要通过清醒梦游戏学会在梦境中倾听和行动。

下面的练习对绝大多数人都有好处，特别是对那些患有焦虑或抑郁症的人，因为它增强了思维观察的能力，这样我们就能很快地学会将消极或无益的想法转变成更加光明的东西，让快乐进入我们的生活。

练习20：
编辑你的现实内心电影："改变想法！"技术

1. 日常生活中，通过观察你的思想来练习正念，可以先从 5 分钟的思想观察开始。

2. 一旦你注意到任何消极的想法、情绪、心理意象或情景潜入你的大脑，将它们视为无益之物。

3. 然后把你内心电影里那些无益之物变成积极的东西。比如：将一次重要的会议上糟糕的讲话，转化成清晰有力、大获成功的讲话。当你因为别人的行为而愤怒时，你可以从他们的角度看问题，或者只是简单地认识到没有人是完美的，没有必要纠结于此。

4. 享受编辑内心电影，享受其中的乐趣，并发挥你的创造力！关键是要创造一个更快乐、更积极的精神空间，过上自己想要的生活。

5. 每当你足够快地用这种方式改变了消极想法的时候，给自己一个微笑，并在心里给自己点赞。

6. 每当你想起来的时候你就做这个练习。渐渐把时间从 5 分钟延长到 10 分钟，然后再延长。随着时间的推移，那些无益的思想、态度和想象会自动得到纠正。你的"现实内心电影"会得到改善，你会变得更警觉，更专注，更积极。

7. 白天的电影变了，梦的电影也会跟着变。你会发现自己在梦里也会质疑不愉快的场景和情绪，这会引发更多的清醒梦，同时也会自发地使梦境向更好的方向发展。

如何增强自我意识

我们每个人都有不同的自我。五岁的时候，我们有属于五岁的自我方式，而十五岁、二十五岁时又完全不同。有时候我们会忘记或者否定曾经属于我们的一部分自我。然而，这些年轻的自我仍然存在于我们的内心中，并且会影响我们当前的行为和反应。例如，我们可能会有暴力的情绪，这些情绪与当时情况完全不相符，其根本原因仅仅是我们过去有过一些不愉快的经历，而这个原因可能我们自己都完全没有意识到。所以，增强心理上的自我意识是心理治疗的第一步。

梦是一面镜子，涵盖过去、现在、未来。它也许能暗喻我们从哪里来，我们今天是谁，我们要到哪里去。接下来是一个有趣的练习，可以让我们认识到我们内在的不同自我，并接受它们成为我们自己的一部分。最重要的是，我们要学会在这些自我一露头时就立刻发现它们，这样我们就可以朝着新的、更快乐的生活方式迈进。

练习 21：
五个我

1. 选择五个你生活中不同的年龄段，这五个年龄段对应着你人生的不同阶段。例如，第一个可能是你还是个小孩子的时候，第二个是青少年的时候，第三个是二十多岁的时候，最后两个可能是你生命中不同的重要阶段，比如你患重病或失去亲人的时期，第一次恋爱或者环游世界的时期。

2. 拿一张纸，写下你的这五个年龄段，在每个年龄段下面留出大片空白。针对每个不同的年龄段，写一个简短的单词表，用情绪、行为、恐惧、痴迷、伤害和欲望来描述你在这个年龄段的情况。把那些你认为对你的人生观产生较大影响的回忆尽量写进去。

3. 当你完成后，给每个"我"取一个能完美概括精华的名字。名字可以取得好玩一点，让你的想象力自由发挥。当我和创意写作小组一起做这个练习时，我听到大家把不同的自我取了一堆各式各样、千奇百怪的名字：嬉皮妞，胆大包天的人，高压锅，孤独者，天后，有组织的先生，"给我爱"男孩，非常有趣。

4. 你现在应该有五个"我"了。恭喜你！看看你有多复杂，看看你的生活中已经发生了多少改变！花点时间欣赏欣赏自己好的品质，也注意注意那些不太好的倾向，不去妄下判断。接受你对自己的同情，同时记住，你可以改变你自己想要改变的一切。

5. 接下来再写一段，这次是关于你理想中的"我"，你真正想成为的"我"是什么样子的，让这个最好的自己在纸上变得鲜活起来。他比现在的自己更勇敢、更机智吗？他更会社交和拥有更好的朋友吗？此刻尽情将梦想中那个最好的自己写出来。好好享受吧。

看看我们的生活已经发生了多少改变，这提醒我们，我们是一直可以改变的。为什么不确定下一个变化将是一个美丽的、积极的变化呢？变得更有自我意识可以帮助我们拥抱我们想要成长的那部分自我，并且化解我们的负面惯性反应，比如当我们感觉受到伤害时发出愤怒的反击。当我们注意到："哦，我内心的主角

刚刚醒来！"我们可以采取措施冷静下来，而不是对我们爱的人大吼大叫。

一点一点地，我们迈向最好的自己。

改善消极负面的身体形象

不健康的心理模式和自我认知是可以改变的。这很大程度上取决于我们能否意识到内心的思想、判断和自我批评，然后将它们变得更好。一位年轻的女士参加了我组织的一次瑜伽和记梦活动。我像往常一样问她："你以前做过瑜伽吗？"她指了指自己的身体。"不。"她说，"我从来不做任何运动——你看不出来吗？"她开始哭了，为自己流泪道歉，说自己太胖了，为此感到非常沮丧。她其实没那么胖！我对这个可爱而脆弱的女人说："我们不仅仅是我们这副身体。身体只是我们一生中穿戴的一个外壳。我们需要照顾它，因为身体糟糕了就不好玩了，但是将自己定义为'这个身体'是一个大错误，真正的我们是精神和灵魂。"

我邀请她做瑜伽。瑜伽是一种连接心灵、身体和精神的奇妙方式，也是一种更好地接受自己身体的方式。之后，每个人都做了清醒梦游戏，就像下面的练习一样，他们改变和超越了自己的外在身体形象。在一天结束的时候，这位年轻的女士告诉我，她决定开始有规律地进行瑜伽练习，并开始记录自己的梦境日记。

练习 22：

超越身体形象

◎ 闭上眼睛。你还记得梦中感受到的自己的身体吗？如果可以的话，召唤出你在梦中的身体的样子。如果你想象不出梦中的身体，那就想象一下你现在的身体。你可以以想象自己裸体或者穿着衣服。

◎ 关注你身体的形象，它的外观和感觉如何？注意任何出现的情绪，但不要让它们打断你的注意力。

◎ 现在，在你的心中唤起一种爱的感觉，化成光围绕着你的身体。

◎ 如果你的身体想变形，就允许它变形。这里的变形不是那种想象一个晒黑的泳装模特，然后拿我们自己的头代替模特的头，不是那种变形。这里的变形是为了超越我们对自己身体固有形象所束缚的消极性。我们要打破这种固有形象的束缚，在不做预先期望的前提下，使自己的身体形象可以自然转化为其他形象。

◎ 以自然的方式观察身体形象的变化。一名妇女看到自己变成了一只有着光泽的毛皮和迷人的绿色眼睛的猞猁。观想技术加上动物本性的连接提醒了她，她的绿色眼睛是她最好的容貌。一个男人看到自己有一颗跳动的金色的心，这使他想起了他自己的同情心。你也可能没有体验到什么变化，你可能只是体验到对你身体的爱或被接受的感觉。这个练习对你来说越难，重复练习就越有益，直到你对任何积极的感觉或想象产生强烈的共鸣。

◎ 当你准备好了，睁开眼睛。感谢你的身体为你所做的一切。感激它和你共度今生，同时认识到你不仅仅是你的外在身体，你更是精神和灵魂。

◎ 之后，每当你注意到自己对自己的身体有一种消极的想法时，回想一下你积极的、有治愈作用的自我形象，并在心里说出形象的名字，把它固定在你的自我意识中。通过积极的自我形象来改变我们的"现实内心电影"，这可以对我们的生活和人际关系产生变革性的影响。

梦可以帮助我们改变旧的自我形象，让它变得更加积极。

让你的梦进入永恒的自我之中吧！成为那个眼睛散发光芒和能量的闪耀的你！给自己贴上消极的标签，认为自己是"超重的女人"或者"丑陋的男人"，这完全是上演一部毫无用处的内心电影，而且根本不是精神层面的事实。想象一下，给自己贴上"有着美丽的绿眼睛的女人"或者"有着金子般的心的男人"的标签，难道不会立刻让你感觉好些吗？我们越相信自己的标签，我们的内心电影转变得就越快。随之我们的自我认知、行为模式，以及别人对我们的看法都会改变。我们将会成为最好的自己。

消极负面的自我形象只是我们可以通过内在电影来改变自我的一个方面。今天，许多人患有抑郁症、恐惧症和焦虑症。梦控师、心理学家和心理治疗师发现，梦境的意象疗愈可以帮助人们摆脱抑郁状态。

梦境疗愈如何帮助抑郁、焦虑和恐惧症患者

梦可以是非常强烈的，可以强烈如洪水般让人难以承受。菲奥娜患有抑郁症和焦虑症，她回想起在那段时间里她的梦境变得多么强烈和令人不安。她指出，在她与抑郁症抗争的过程中，刚有点积极的效果，就会有一波令人不安的梦境出现：

"我梦见我在勒死自己，让自己窒息，醒来时我尖叫着，完全不知道自己是在哪里。在另一个梦里，我梦见我快要淹死了。我感到无能为力（就像我快要死了一样），我好像在伤害自己。我经历了非常困难、紧张，情绪上的消耗的时刻。我只是想让一切都停止。"

50 年来，我们已经知道，临床抑郁症患者的快速眼动睡眠时间比其他人更多，而且做梦也更多。做梦的一个重要功能是把我们从有害的情绪中解放出来，难道抑郁的人做更多的梦不是一件好事吗？不幸的是，它可能不是，因为这样做，他们可能会错过至关重要的深度睡眠。

在《新科学家》杂志 2003 年的一篇文章中，心理学家乔·格里芬（Joe Griffin）讨论了他和他的同事的发现，在患有抑郁症的人群中，梦所提供的情感安全系统已经超负荷运转。因为抑郁症的一个主要症状和原因是，患者烦恼担心的程度已经濒临绝望的地步。梦境需要在晚上格外努力地处理这些极其强烈的情绪。不幸的是，这

可能意味着抑郁症患者在快速眼动睡眠期所花费的时间比正常情况
下要多得多。

　　一个健康的年轻成年人的睡眠，通常有25%的时间处于快速眼
动睡眠，75%的时间处于深度恢复性睡眠。而一个抑郁症患者的梦
可能要多上三倍！在这个层面上看，他是"过度做梦"，从而错过了
重要的恢复性睡眠。

　　结果呢？抑郁症患者醒来时筋疲力尽。

　　当我们筋疲力尽地醒来时，我们不会跳下床马上去寻找解决方
法，相反，我们变得更加担心了。于是，"未解决的担忧——过度做
梦——白天精疲力竭"的恶性循环还在继续。我们仍然抑郁。这就
是菲奥娜的问题——她"过度做梦"了，这让她筋疲力尽。一连串
不愉快的梦和睡眠不足使她疲惫不堪，有时她觉得自己要疯了。

　　乔·格里芬强调，临床抑郁症患者如果发现自己"过度做梦"，
最重要的是要阻止他们对自身问题的担忧和反复思考。找一个治疗
师帮助他们解决实际问题自然是非常有帮助的。有时候，仅仅理解
这些过度做梦的原理就足以让许多人摆脱这种恶性循环。

　　当人们不再那么担心自己的问题时，他们的睡眠会迅速恢复到
正常的、有益的水平。他们醒来时感觉神清气爽，恢复了面对生活
和解决问题所需的精神力量。患有抑郁症的人应该尽可能地深度放
松。每天只需静静地躺着，来一场深度放松，就能帮助身体得到它
迫切需要的恢复性休息。

　　菲奥娜发现，写下并谈论她的梦，与生活教练交谈，听放松的

CD，可以帮助她度过紧张的做梦时期，并让她摆脱焦虑和抑郁。她的睡眠不再被噩梦打扰。梦是我们情感生活的晴雨表。如果有什么不对劲的地方，梦似乎会让我们知道，我们需要采取行动做出改变。

通过疗愈梦境意象来缓解抑郁

伦敦梦境研究所的联合创始人，精神治疗医师奈杰尔·汉密尔顿博士（Nigel Hamilton），治疗了一个抑郁的精神分裂症患者，这个患者已经有两年没有被他的母亲抱过或接触过了。这个人梦见一只非常聪明的深红色鹦鹉在笼子里专心地看着他。他感到他与那只鸟有一种深刻的联系。不久之后，这个男人梦见了两只被关在笼子里的有魔法的动物。通过观想，他将这些聪明的梦中动物融入自我意识中。最后，他梦见一个发光的白色球体下降到一个格子笼子里。他打开笼子，咬住圆球，它尝起来像一种恢复活力的灵丹妙药。

通过运用强大的治愈梦境的意象，这个人重新连接上了他被锁起来的一部分自我。在 2016 年国际梦研究学会的一篇关于"清醒梦和幻觉中发光的颜色"的报告中，汉密尔顿博士说，经过这次梦境疗愈之后，该男子现在已经克服了他的精神分裂状态，并且重新与他疏远的家庭建立了联系。

通过清醒梦改变梦境是治疗抑郁症的理想方法。在《有意识

地做梦对抑郁的影响》一书中，荣格派分析家弗朗西斯·曼利
（Francis Manley）发现，当人们被教导如何有意识地影响他们的梦
境以获得积极的结果时，比如面对一个噩梦般的人物并将其化为某
种疗愈，他们也开始在现实生活中获得更多的控制权。对那些患有
抑郁症的人来说，在现实生活中扮演积极的角色是至关重要的。清
醒梦和其现实对应的清醒梦游戏，以其积极实践的方式，推动着我
们进行心理层面的改变。当我们改变梦境时，我们就改变了我们的
生活：这就是清醒梦和清醒梦游戏的力量。

当我们努力吸收自我疗愈梦境的意象时，我们将在一个更深的
层面上滋养着自己。这会对我们与他人的关系以及我们自己的精神
状态产生变革性的影响。

摆脱抑郁的方法：梦的解决方案

梦通常会显示我们遇到的障碍：它们向我们展示情绪障碍、无
力感或绝望感。梦通常也会告诉我们解决方案，在我们用梦境进行
疗愈工作时，告诉我们需要做些什么来改善我们的处境。让我们以
邦妮的梦境为例看看这个解决问题的过程。邦妮很沮丧，因为她和
她的儿媳妇正处于一种痛苦的境地。然后她做了一个原型梦，这个
梦告诉了她解决的方法，而且梦境告诉她有不止一种方式可以用来
解决她面临的困境。

邦妮的梦：通过精神和现实的手段治疗

我和一群穿着简单服装的女人在一起，就像在圣经时代一样。这是一个贫瘠的地方，有悬崖峭壁，有妇女和儿童，但没有男人。我已经筋疲力尽，不知道自己能不能活下来，但我还是活下来了。

然后一个五岁的小女孩从悬崖上掉进了河里。

女祭司停下来，走到祷告的位置。另一个女人拿出一个编织篮子，像一张有机的网，系在一根长棍上。她跳进河里，把小女孩救了出来。

在我做这个梦的时候，白天我的儿媳妇告诉我的儿子她还在生我的气，因为当她第一次来到美国的时候我没有让她感到受欢迎，我感到沮丧和难过。

我亲身体验到你的工作室真的很疗愈。我回到了梦里，我是第一个被救出来的小女孩。我经历了被人从水中捞起，被人抱着（拥抱）。然后我又成了小女孩的母亲。我走到孩子身边，抱着她。然后女祭司和救援者围成一圈，走近我们。然后整个部落围着我们站成一个紧密的圈。这种情绪在我的身体里升腾起来，我的眼泪流了下来。这种情绪的释放和我身体里的感觉就是治愈。

在我的工作室里，我问邦妮她一直在做什么来改善她和儿媳妇的困难处境。她说，她一直在祈祷和观想，希望局面会有所改善。邦妮的祈祷和她梦中女祭司的祈祷方式很是相似，我问她，如果所有女人都跪下来像女祭司一样祈祷，而没有人采取实际行动来拯救这个孩子，会发生什么？那个小女孩会没事吗，还是说会被河水冲走？也许仅仅祈祷是不够的，有时候，我们需要采取实际行动。

邦妮的梦境阐明了精神和现实是可以良好地一起工作的。如果邦妮梦中的女人被视为她的不同方面：精神和实践方面，似乎她已经拥有了她需要的方法，可以用来处理她与儿媳妇问题的完美方法，她只需要弄清楚它是什么。后来，这正是邦妮所做的。她说："在你的工作室里，我有了一些深刻的见解。我认为能够花时间在一起了解对方真的是最好的解决办法。我提醒自己要采取实际行动，这才是真正重要的。我不知道她会怎么回应，但是，就像你说的，我有方法了。"

与她的梦相一致的是，邦妮找到了一种非常实用的方法：她计划多花点时间和她的儿媳妇在一起，更好地了解她。只要有一点善意和理解，两个女人都能感受到对方的关心。内心的改变等于外在的改变。当我们做梦境疗愈时，我们释放了能够改变生活的力量。

下面的练习是非常治愈的，如果你正好需要他人的支持和倾听，那就更棒了。

练习 23 ：

和朋友分享梦境

仅仅是被倾听就是一种难以置信的疗愈。如果你正在做一个非常可怕或令人不安的梦，我建议你去找一个有经验的治疗师谈谈。或者，你可以和一个值得信赖的朋友试试这个练习。它适用于比较短的梦，而不是需要十分钟讲述的史诗般的梦。

◎ 把你的梦告诉你的朋友，不用解释这个梦。朋友倾听就好。

◎ 现在听听你的朋友分享他的梦。认真地听，一句话也不说。

◎ 彼此再讲述一下同样的梦。（现在你明白为什么在这个练习中最好是比较短的梦了吧！）通常，当我们第二次讲述一个梦时，事情会有一些变化；我们会记起一些我们已经忘记的事情，或者得到一些新的见解，或者意识到某种特定的情绪。再说一次，只倾听，暂时不评论。

◎ 当你们两个都分享了两次梦后，可以讨论了，看看你们对各自梦境的感觉是否有所改变。现在是时候了，如果感觉对的话，你们可以交换对彼此梦的见解。记住——梦是属于做梦者的，一定要尊重做梦者，不要试图强迫做梦者接受你的解释。最重要的是，用一种温暖、支持的方式倾听彼此的梦，关心彼此的梦。梦境分享具有很好的疗愈作用。

清醒梦疗愈焦虑症和恐惧症

虚拟现实疗法（VRET）通常可以成功地治疗焦虑症和恐惧症。患者接受虚拟现实头戴式显示器治疗，逐渐习惯于在模拟压力触发情况时感到平静，比如让患有恐高症的人模拟站在高桥上。阿姆斯特丹大学的研究人员马克·鲍尔斯（Mark Powers）和保罗·梅尔坎普（Paul Emmelkamp）在《焦虑症杂志》上对 13 项独立案例研究的结果表明，虚拟现实疗法在治疗恐惧症和焦虑症方面非常有效。

说到模拟现实，清醒梦在这方面远远超过了虚拟现实。在清醒梦里，我们 100% 地沉浸在一个超级拟真的内心世界。清醒梦可以使用一种类似于虚拟现实疗法的技术帮助人们克服恐惧症。方法是让做梦者直面他害怕的东西：蛇、蝙蝠、高度等等。

患有严重恐惧症的患者，如果病症已经影响到了正常生活的地步，在尝试自我治疗之前，都应该先看心理医生。不过，清醒梦治愈过相当强烈的恐惧症：一个对蜘蛛有恐惧症的女人，一看到蜘蛛就惊慌失措，她在清醒梦中成功地处理了一只蜘蛛，从而消除了恐惧症。第二天，她甚至能够让一只蜘蛛爬上她的胳膊！

在做清醒梦之前，这对她来说是不可想象的。还有一些通过清醒梦克服了怕乘飞机、怕黑、恐高等恐惧症的案例。清醒梦如同一个虚拟现实平台，在清醒梦里模拟现实的疗法可以用来解决焦虑症和恐惧症。

如何在梦中找到治愈元素

有些梦可能有明显的治愈元素，如光、大自然、美丽的意象、幸福或快乐的感觉，或愉悦感（如飞行）。国际梦研究学会前主席温迪·潘尼尔（Wendy Pannier）在她的文章《梦境和噩梦的治愈力量》中分享了她在癌症手术后的一个梦境：

现在是晚上，一切都是黑色的。突然间，我看到一棵完全被照亮的树。树上挤满了各种各样的鸟类和其他动物，它们有着最鲜艳的彩虹色——这是我所见过的最生动的颜色。我对树上生物的不可思议的生命和活力感到敬畏。它就像一棵"生命之树"，给人的感觉非常积极。

在温迪的梦中，很容易找到治愈元素：鲜艳的色彩，充满活力的生物。这个梦里的一切都与生命一起歌唱。但是许多梦可能没那么积极，而且梦的治愈本质一开始可能不那么明显。我的一个50岁的朋友，刚从离婚中走出来，她梦到她穿了一件非常紧的紧身胸衣，这让她很不舒服，让她无法自由呼吸。在梦中，她看到了一个更衣室，于是她朝着那个更衣室走去，这样她就可以脱掉紧身胸衣。你能在这个梦中找到治愈元素吗？

更衣室可能是一个治愈元素，因为这是我们可以随意更换衣服的地方，它也意味着我们可以剥离自身的限制性的行为和信仰。紧身胸衣也可以被认为是一种治愈形象，尽管它紧得让人不舒服，但它是一种推动做梦者转变的积极力量。有时，生活中的力量会促使我们寻求改变（一个"更衣室"），把我们推向整体和治愈。只有做这个梦的人才能真正知道他梦中的哪个元素是治愈元素。记住，在你自己的每一个梦中，你会本能地知道哪一个是治愈元素，因为它会与你产生共鸣。当我和我的朋友谈论她的梦时，它让我们想到一只未孵化的蝴蝶正准备破茧而出，展开崭新的翅膀飞走。

并不是所有的梦境一开始都是积极的。它们也经常以噩梦的形式出现。噩梦可能会很吵闹，它们想要立刻得到我们的关注。噩梦怒吼道："我需要治疗！"我工作室里的一位女士梦到她正在和一只鳄鱼搏斗，在水里翻来翻去挣扎，快要淹死了。在梦中，她知道为了从鳄鱼的肚子里取出治病的灵丹妙药，她必须杀死鳄鱼。这个梦是在她与病魔抗争的时候出现的，她觉得这个梦告诉她，她必须从内在获取治愈的方法。每个梦都有治愈的潜力，一旦我们知道了与之合作的最佳技巧，噩梦就会成为一种特别丰富的治愈之源。有一条关于梦的黄金法则：所有的梦都有治愈的潜力。当我们与梦合作时，我们就开始把梦变成了治愈梦。

如果梦中的治愈元素不是很明显，我们可以在醒着的时候用不同的方法来梳理它。情绪可以是治疗的有力工具，所以当它们出现在你的梦中时，要小心。例如，如果一个人在表达愤怒的时候有困难，一辈子为避免冲突，忍气吞声，咽下自己的愤怒，那对他来说一个治愈的梦可能就是他梦里愤怒的咆哮！不要急着认定一个梦是消极的或者没有治愈的元素。

当我们学会如何识别梦中的治愈形象时，我们就可以把这些积极的意象融入我们的生活中，从而使我们变得更好。这里有一个简单的技巧来识别你梦中的治愈形象或情感。

练习 24：
找到治愈形象

安静地坐着。闭上眼睛，运用想象重新进入你的梦境。让梦围绕着你，这样你就能清楚地看到它。你知道探索这些梦境意象是完全安全的，因为你知道只要睁开眼睛，你随时都可以停止这个过程。当你环顾你的梦境，看着它展开时，你可以寻找中心的形象、符号或情感。你正在寻找这个梦的治愈元素——它可能是一些光，一些自然的东西，或者也许是一些意图推动你去疗愈的消极的东西。治愈形象或能量可能不是你所期望的那样，所以，如果可以的话，要允许梦境转化，让它向你展示治愈的可能性。

当你觉得准备好了，用一句话向自己描述你的治愈形象，比如给它定一个标题。然后深吸一口气，睁开眼睛，带着你的梦境治愈形象回到房间。把它画出来或者写下来，这样它就和你在一起了。如果你第一次尝试就找到了一个治愈形象，那自然是极好的。如果没有找到，也不用担心，换一个不同的梦再试试。

在我主持召开的一个研讨会上，大家做了这个练习。许多人发现他们的黑暗或险恶的梦境形象自发地转化为新的、更快乐的场景。他们给自己的治愈形象起的名字揭示了这种转变。一个魔鬼梦变成了"恶魔变成了治愈之金",一个关于黑暗之塔的梦变成了"光进入塔中"。请注意我们是怎样找到解决方法的,可怕的生物或黑暗空间转化为积极的意象和光明。这种转变永远不应该是强迫而成的,否则它将没有什么力量。通常,带着治愈的期望与梦合作,就会使梦境意象的转化自动发生。在梦中,我们面对着内心最深处的潜意识意象,当沟通与合作意识的光投射到梦境时,我们就照亮了这些潜意识意象,使它们能够转化。

最后一个简短的练习展示了如何将我们梦中最美丽、最具疗效的意象和我们的清醒梦游戏整合到我们的生活中。

每天尽可能多地运用这个练习。只要有可能,就把其他快乐的画面或感觉加进去。生活是由瞬间组成的,所以每一个快乐的时刻都是值得被加进去的。

你在一天中创造的快乐时光越多,你的人生就会越快乐。

练习 25:
做一套疗愈呼吸

这种快速的练习可以在任何时间、任何地点进行。可以在你拿一杯拿铁时进行,在扣上外套扣子时进行,在电梯里进行,或者煎

鸡蛋的时候进行，它只需要不到 30 秒。

这项练习的美妙之处在于，你做得越多，你的生活就会越变越好。这是一个能给你的日常生活带来慰藉、勇气和欢乐的情绪提升器。

◎ 为这周（或者这个月）选择一个梦境治愈形象。形象可以直接来自自己的一个梦，或者来自你做清醒梦游戏时获得的新形象。

◎ 生动地回忆这个梦境治愈形象，然后深吸一口气。想象一下，当我们通过肺部吸入氧气时，你正在将你的治愈形象吸入体内，然后将其吸入体内的每一个细胞。感受这股充满你的治愈形象的力量和能量。

◎ 当你呼气的时候，释放所有的悲伤或烦恼。

◎ 再次吸气，想象你的治愈形象像温暖的光一样照亮你的身体。

◎ 微笑，呼气。

◎ 就这样！

梦境引导更幸福的人生

第三部分

Part 3

D R E A M

T H E R A P Y

第五章

有关健康和幸福的春梦

我们都有性能力。如果没有性冲动，人类和大多数动物王国早就灭绝了。性能量是生命中极其重要的力量，它并不总是通过性行为来表达。有时，它是通过创造力来表达的；有时，它是通过多种形式的欲望来表达的：渴望占有，渴望保护，渴望得到满足。性能量也可以带来相当深的心灵提升体验，尤其是与做梦结合在一起的时候。

我们在做梦的时候，会经历"性唤起"。大多数的梦境都发生在快速眼动睡眠期。帕特里克·麦克纳马拉博士（Patrick McNamara）在 2011 年《非常非常奇怪的快速眼动睡眠期特性》的文章中解释说，快速眼动睡眠首先会使人麻痹，然后性唤起会在梦出现之前发生。在快速眼动睡眠期，我们体内会发生很多奇怪的事情：身体首先进入麻痹状态，以防止我们从床上跳起来或者现实的身体做出和梦里一样的动作。同时，我们的心率会加快，大脑温度升高，肌肉发生抽搐，呼吸进入异常模式，自主神经系统开始出现"风暴"。在此基础之上，性器官被唤起，接下来会发生什么？我们便开始做梦。在这样一系列疯狂的生理背景下，梦可以如此怪异、如此真实、如此性感，也就不足为奇了。

我们可以在做春梦的时候体验到生理上的性高潮。梦中的性高潮，男女都会有，在睡眠实验室里都有记录。在生理层面上，梦里的性高潮与清醒时是一样的。

精神生理学家斯蒂芬·拉伯奇和沃尔特·格林利夫（Walter Greenleaf）在1983年进行的研究中第一次记录了清醒梦性高潮。测试者贝弗莉·德乌索在清醒梦中找了一个情人，然后用事先约定的眼球运动暗示性高潮的开始，仪器也同步监测到她的身体状态和呼吸频率都达到了当晚的最高水平。春梦是高度真实的，无论我们是性压抑，是性害羞，还是渴望得到更多的性，春梦都给了我们一个安全的环境来实验和享受我们的性能量，并且永远不会得性病！

有时候，即使我们的潜意识把信息隐藏了，也没有必要专门去做一次春梦来理解背后的机制。因为春梦相当复杂，它涵盖了广泛的情绪和情况，它可以让我们醒来时高兴或厌恶地发抖，可以给我们带来快乐或痛苦的回忆，也可以帮我们揭示我们与他人之间以及与我们自己身体之间的关系。春梦可以通过本书中介绍的清醒梦游戏的技巧展开，如果我们想要获得更多的春梦，我们所要做的就是遵照技巧酝酿出一个春梦。

在我们的人生当中，性觉醒可能反映出一种更大的觉醒：人生面临新的改变。如果我们婚姻幸福，突然发觉自己性幻想或梦着另外一个人，这不一定是我们厌倦了配偶，想和另一个人在一起。它有可能反映的是我们内心的改变：对新的可能性的渴望（另一份职业、另一个孩子、精神更富足的生活、更健康更有活力、新的朋友）。

但是，我们怎么能知道性能量到底想要告诉我们什么呢？是换一份工作，是治疗过去的裂痕，还是想让我们开始参加冥想课呢？

很简单：在梦中寻求指导。

春梦理解指南

◎ 春梦未必是关于性的

如果你梦见和一个陌生人发生性关系，这可能象征着你的一个新方面正在出现，或者你对一些新的和未知的事物持开放态度。无法在梦中完成性生活，无论是因为中途被打断还是其他原因，都可能反映出在现实生活中你感到无法完成某件事。许多人在梦里和熟人发生性关系，这经常让他们感到困惑、尴尬或羞愧。但从心理学的角度来看，梦见和熟人发生性关系并不一定意味着你想在现实生活中和他们发生性关系，这可能意味着你被他们的某种品质吸引了。试着问问自己：我欣赏这个人什么品质？

显然，如果你梦见的是和不喜欢的同事发生性关系，上面这个问题对你来说会有点困难。那就用简短的话描述他们，然后看看他们有哪些品质或能力吸引你。描述尽量做到具体和公平——每个人都有好的品质："声音洪亮，他知道自己想要什么，善于交际，勇于攀登……"你的描述可能会让你认识到，尽管这个人让你恼火，但你希望自己也有他那样的交际能力或冒险精神。性能量是一种非常活跃的能量，一旦你确定了这种能量渴望拥有的品质，你就可以开始积极地将它融入你的自我认知中，并加以发展，例如参加一个你认为"冒险"的活动。通过对这种品质的自我实践，迈出拥有它的第一步。

◎ 情感是春梦的关键

做过春梦之后，问问自己：我在梦中自我感觉如何？如果自我感觉有所变化，是变得更好了还是变得更坏了？如果梦中的性爱让人觉得无聊和机械，这可能反映了你的一种内在需求，一种为了生活的再度兴奋和刺激，想要改变什么的需求。

一种常见的春梦是被当场撞见：正在欢愉的性高潮时，卧室的门突然打开了，门口站着一个非常不赞成你的人——你的母亲或小时候的老师。出现这种让人情绪崩溃（从快乐到震惊或羞愧）的梦时，你需要注意一下你的现实生活中是否有与此相关联的事件。问问自己："在我的生活中，我在哪里经历过类似的情绪？"如果"门口的人"让你想起了某个人，想想你对这个人会如何反应——你是否让某个人（或某件事）破坏了你的乐趣？

◎ 旁观春梦

有一些春梦，我们并没有参与其中，我们只是旁观者。再一次，注意你在梦中的感受。你参与了吗？你觉得被冷落了吗？你对梦中那些情人的所作所为感到好奇吗？你兴奋吗？联想一下你现实生活中的情况。你现在有足够的性生活吗？你性冷淡吗？你渴望更多的性生活吗？有时候梦为我们提供了一个安全的空间，让我们了解更多关于"性"的可能性。它会让我们放下拘束，发现自己内心深处的欲望。如果你看色情片的话，那么这种旁观性质的梦也有可能只是"看色情片"这一生活片段的梦境重现。

◎ 梦中强奸

当梦中发生非自愿性行为或性接触时，这可能代表了不同层次的含义。可以通过梦疗的方式找出这种梦所代表的意义。如果你被重复的强奸噩梦困扰，请找一个有资质的治疗师：它可能代表过去的性创伤，当再次揭开这些梦时，你需要保证在心理上获得足够的照料和支持。强奸梦可能是象征性的，表明我们在生活的某些方面感到被侵犯了，或者反映出我们在情感或身体上存在的虐待关系或与异性之间的冲突感觉。

性的最高点是合欢的狂喜，最低点是暴力的胁迫。在梦中出现强奸（无论做梦的人是被强奸，目睹强奸，还是自己成为强奸犯）可能是一个危险信号，表明这个人存在潜意识的裂痕或某种需要被治愈的失衡状态。以下的练习可以帮助到你：原谅—爱—放下，"如何转换噩梦"的练习，爱与光的转换技巧，情感安全之彩色呼吸。

◎ 释放被压抑的性欲

梦为我们提供了一个释放性欲的安全出口。春梦可能是对一段枯燥生活的补偿，也可能是对亲密关系或情爱的普遍渴望。研究表明，女性在排卵期前后会做更多的春梦，这在生物学上是完全合理的，因为这是怀孕的最佳时间。这个时候的春梦可能没有什么特别的"意义"，它可能只是单纯的性能量的溢出。

◎ **性取向的梦**

梦可以帮助我们理解和认同自己的性取向。在梦中我们可以尝试同性伴侣，可以体验自己是男性、女性或双性。清醒梦对那些探索性取向的人来说有着特殊的吸引力，因为清醒梦是一个绝对安全的私人世界，我们可以体验任何我们感兴趣的性或亲密关系。当我们醒来时，这些梦可以通过诸如清醒梦写作等技巧，帮助我们获得更好的自我理解、自我完成和自我接纳。

梦中的性界限是多变的。如果我们认为自己是异性恋，却梦到与同性发生性行为，这并不一定意味着我们对自己的性取向有怀疑（尽管有这个可能性）；它可能指出我们内在的女性和男性能量（如荣格所说的"阿尼玛"和"阿尼姆斯"原型）需要更深层、更平衡的结合。具体情况可以通过做清醒梦游戏找到答案。

◎ **性器官健康与疾病的警示梦**

一位妇女在做完子宫切除术后，一直担心她从此后将失去所有的性快感。然后有一天她梦见自己有一次美妙的性高潮。这个梦真实地告诉了她，她的性冲动和性快感的能力仍然是健康的。有些梦则预示着性器官的疾病：我工作室里的一位女士告诉我，她梦见自己撒尿尿出了火，结果是她得了膀胱炎。第八章有更多的关于梦警示身体疾病的例子。

◎ **伴侣不忠的梦**

春梦可以揭示我们没有意识到的事情，但并非所有不忠的梦都指向实际的不忠，所以要小心，不要妄下结论。爱人出轨的梦可能反映的是你感觉不被爱或者不被爱人支持，也可能是突出你生活中另一个你感到被背叛或被不尊重的地方。专注于你梦中的情感，运用清醒梦游戏的技术，可以帮助你挖掘出更多的东西。

◎ **梦见前任**

人们经常梦见和前任上床。这可能意味着他们正在处理和接受从前任身上学到的东西，并释放旧情，开展自己的新生活。另外，这种梦也可能是想告诉你，你仍然对你的前任有感觉。检查检查你在梦中的情绪。这是一次温柔的邂逅吗？尴尬吗？纯粹就是性吗？如果你不确定你的梦是什么意思，可以试试用梦话技巧来找出更多的答案，并在你的梦境日记上写下一句话，试着做一个解释的梦："我想要一个梦来帮助我理解这个梦的意义。"

◎ **梦见现在的性伴侣**

当我们梦见我们现在的性伴侣时，我们可以发现我们对这段关系的真实感受。十多年前，我在美国参加了一个国际梦研究学会的会议。早餐时我和一群可爱的梦工作者、精神分析师和作家坐在一起。当他们知道我十周前结婚时，有人问我是否经常梦见我的丈夫。碰巧那天晚上我梦见了他，我告诉他们那个梦：阳光明媚，我们手牵手一起走进波光粼粼的大海。我们走得越深，浪越大，很刺激也有点吓人。我们被波涛冲得翻滚，一直手牵着手。

我旁边的心理医生问我："你是怎样翻滚的？"

我不假思索地回答说："哦，有点……晕头转向神魂颠倒。"

听见这话的每个人都笑了，当我回过神明白我说的话时，我尴尬了！我为耽误了他们的早餐而道歉，因为我的这个梦太明显了，新婚热恋期的晕头转向、神魂颠倒嘛。看，仅仅问一个切题的好问题就能引发对一个梦的更深层次的理解。

◎ 清醒的春梦

当你在梦中变得清醒时，如果你愿意，你可以引导和改变你的梦。许多清醒梦玩家在梦中都会尝试性接触。清醒梦的好处是，一旦你意识到自己在做梦，你可以主动想起性爱，然后通过以下方式付诸行动：a. 平静你的情绪，使梦境保持稳定，以防醒来；b. 表达出你想做一个春梦的意愿；c. 期待梦中情人的出现。

在清醒梦中，期待是很重要的：全心全意期待自己的心上人在梦中出现，并且愿意和你发生关系，比起"半心半意"地希望碰上某个性感尤物，成功的概率更高。

在睡前花些时间观想你理想的梦中性爱场景，这可以帮助你在梦中实现场景再现，无论是普通梦和清醒梦，这种观想都有帮助。

◎ 心灵春梦

梦中的性能量可以带来深刻的心灵体验。在一个清醒梦中，临床心理学家帕特里夏·加菲尔德在一个秋千上旋转，突然她向下一跳，性高潮出现了，并融入了灿烂的美丽和光明。这个梦让她明白，性唤起不但可以向我们展示出我们自身生命力的力量，还可以导致神秘体验。当我们学会在梦中驾驭性欲的浪潮时，它会带给我们深度满足、高潮体验，让我们在醒来时精神焕发，充满活力。

练习 26：
孕育一个春梦

老想着男女之事，就会做春梦，2009 年，德国心理学家迈克尔·施雷德尔（Michael Schredl）和同事对 70 名学生进行了一项研究，调查了这些学生现实生活中的性行为和梦境性行为。研究结果清楚地表明，春梦的次数与我们现实生活中做爱的频率或手淫的频率无关，而与我们在白天花了多少时间在性幻想上有关。

1. 试着裸睡或穿性感内衣作为一种提醒，这样在夜间短暂醒来时，你也能记得你今晚的目标：做一个春梦。

2. 熄灯后，躺在床上，沉浸在你今晚想要的那种春梦的幻想中。把它想象得栩栩如生，色彩和细节都要尽可能丰富。发生在哪里？谁在场？会发生什么？从头到尾把你的幻想发挥出来，然后告诉自己："今晚，我将会做这个梦。"

3. 当你渐渐入睡时，通过重复暗示"我在做梦，我看到的一切都是梦"来保持意识的清醒。每次半夜醒来的时候就这样做。如果你在梦中变得清醒，你可以记住你的春梦目标并且在梦中实现。即使你没做成清醒梦，如果你遵循了这些梦的孕育步骤，你也很可能在当晚做一个春梦。

春梦太多?

正如我们所看到的，当我们在做梦的时候，身体有反应是正常的，这可能会导致过度的春梦。你可能会想：有什么问题? ——梦中性爱很棒啊！但是，太多的性能量会让人感到难以承受。最近一位年轻女子找到我，说她害怕做清醒梦，因为她在清醒梦中体验到的性能量太强了！让我们看看她的经历。

凯蒂·梅森的性爱清醒梦

我的清醒梦中包含了大量的"性"能量。我能感觉到这种能量的激增，这是一种完全的性冲动状态。我能够将能量向内和向上引导，而不是向外排出。我全身都充满了这种能量。有时它受我的意识操纵，有时它自动发生。一发生就无法抗拒，我想和任何东西做爱，真的很奇怪。多年来，我断断续续地有过在这种高度兴奋的清醒梦状态中感到"被侵犯"的经历。这种性暴力和性冲动的对比让我感觉极为困惑和不舒服。

据我所知，我的过去没有性创伤（我确实有很多情感创伤，我的母亲是一个酒鬼），但这并不一定意味着我与性（或这种类型的能量）的关系就是完完全全健康的。

我们可以学会以治愈和主控的方式引导我们的性能量。凯蒂极为强大的性能量是一种天赋，她可以学习如何利用这个天赋获得益处和健康。有时候，我们身上会发生性能量失控的情况。在瑜伽中，身体的能量中心被称作脉轮。当生殖轮（与性和创造力有关）不平衡时，在梦里显现出来就可能像凯蒂的梦那样，一切看起来都是性感的，想要和任何东西做爱。为了平衡脉轮，定期的瑜伽练习是有益的。

我建议凯蒂写下她对侵犯行为的感受，去探索它们，看看它们是否和她的现实生活经历有关联，并且去观想最好的情况，观想当她在梦中觉得安全的状态下，她可以用性能量做些什么。我和她谈论了恐惧会导致她停止清醒梦并关闭她的性能量的风险。我建议她不要让这种情况发生，因为这种强大的能量是一种天赋，她只需要学习如何以治愈和主动的方式引导它。性能量也可以转化为精神能量，并带来神秘体验。在梦中，它可以转化为强大的疗愈能量、创造性的能量，也可以通过精神心灵的方式释放出来，疗愈这个世界。

凯蒂的见解

我正在探索用自己的性能量来治愈我的人际关系。我逐渐认识到，我所经历的性能量是非常强大和富有创造力的，我必须以一种健康的方式与之合作。我在问自己这样的问题："在我的生活中，有没有什么地方我违背了自己？""我是否有一些个人工作要做，来治愈我与性或性能量的关系？"

我将继续深入学习探索我的这些清醒梦经历，现在我理解了你帮我看清的那些东西，也明白了我是安全的，我可以处理好。我的希望是，通过更多的持续的情感工作（通过咨询），结合脚踏实地的瑜伽／冥想练习，我可以提炼出这种能量，并将其用于非凡的清醒梦体验。我已经开始了一些昆达利尼瑜伽练习来帮助自己。我现在意识到，梦本身以及整个梦境都是安全的。在我继续探索这些经历的过程中，我有能力并且一定会找到真实的自己，照顾好我自己。

如何处理不舒服的春梦

一位和我一起工作过的 20 多岁的女士，她梦见自己是一只仰面朝上的瓢虫。她的双腿在空中无助地挥舞着，她的生殖器暴露在外，她无法翻身站起来。以这个梦为例，让我们来看看如何运用象征性的春梦意象来洞察和自我理解。

1. 成为梦中的形象或人物

做梦者"变成"瓢虫，用它的声音说话（就像前文所说的梦话技巧一样）。这样做，她为自己的生活现状搭起了一座桥梁。她意识到自己在性关系中感到脆弱和暴露，她的伴侣似乎掌握着所有的权利，让她觉得自己无法自立。

2. 把梦变得更好

做梦者以想象的方式重新进入梦境。她（作为瓢虫）意识到，通过摇晃她的身体，她可以横向移动。她挪动着背，靠近一颗鹅卵石，用它来帮助自己翻身，这样她就又站起来了。感觉好多了！她抖动翅膀飞走了。

3. 吸收疗愈形象

做梦者描绘了瓢虫从卡住到飞走的疗愈梦境。她冥想了这个意象，并用清醒梦写作的方法找出了更多的内容。在这个过程中，她发现自己的力量和智慧比她自己所以为的要多得多。她是自由的，如果她愿意的话，她可以离开现在这种关系，或者采取行动改变现状，重新找回自己的权利。

练习 27：

情感安全之彩色呼吸

如果你对自己的春梦感到不开心——如果它们让你感到羞愧、不知所措、焦虑或内疚——这种净化的练习可以帮助你在现实或者做梦时感觉到身体的安全和踏实。它可以帮助你把消极的情绪或能量转化为积极的、疗愈的。

1. 舒舒服服地躺下，手臂和两腿轻微分开，闭上眼睛。

2. 专注于你的呼吸，让空气轻柔地进出你的身体，放松。

3. 想象一下你喜欢的颜色，一种与美丽联系在一起的颜色，如海蓝或阳光黄。想象一下，每次你吸气时，你都会把这种美丽的颜色直接吸入你的身体。

4. 当你平稳地吸气和呼气时，脑海中想象着这种颜色的空气通过你的鼻子和嘴进入你的身体，然后顺着你的喉咙进入你的树状肺。看着它通过微小的气囊进入你的血液，并在你的身体周围移动，让你充满温暖和安全的感觉。

5. 继续看着你选择的颜色，因为它会给你身体的每一个部位带来疗愈的光和能量。吸入它，想象你的整个身体都被这种颜色照亮。当颜色在你体内膨胀时，呼气并释放，感觉你的肌肉正在放松，你的安全感正在增加。

6. 享受这种美丽的色彩。把这种色彩带给你的愉悦感保存到你的内心。当你准备好了，最后深吸一口气，然后释放它。睁开你的眼睛。

7. 这个练习也可以用于将疗愈性的梦能量（性或其他的能量）吸入身体，那我们吸入的就不是一种颜色了，而是一个非常积极的梦境意象。注意，像这样的练习只能使用积极正面的梦境意象！

第六章

治愈过往：帮助过去的自己

————

　　谁在乎过去呢？都结束了，对吧？我们不能改变过去，所以为什么不跳过那一章继续前行呢？

　　但是过去是今天的我们的重要组成部分。我们的思维和行为模式都是从过去发展而来的，那些旧的模式每天都在创造和重现我们的生活，甚至导致我们重蹈覆辙或陷入混乱的境地。

　　过去并没有消失，而是一直在我们身上，不管我们是否意识到了这一点！奇妙的是，我们可以改变我们与它的关系，在这样做的过程中，我们可以消解过往的负面经历对我们所造成的影响。

　　治愈过往，从过往的创伤中恢复，是心理疗愈的核心目标之一。在这些治疗过程中，梦是一种重要的治疗技术。当弗洛伊德的《梦的解析》德文版在 1900 年问世时，梦就被带到了精神分析学的最前沿。尽管弗洛伊德的一些核心思想在现代梦学研究专家之间颇有争议，但在很大程度上，正是因为他，西方人才意识到了梦在理解自我方面的价值。在弗洛伊德开创性的研究成果发表一个世纪后，心理学家迈克尔·施雷德尔和他的同事们在 2000 年的《心理治疗实践与研究期刊》上发表了一篇论文，他们报告说，在心理治疗中梦仍然是一种重要且常用的治疗方法，而且治疗成功率很高。梦的作用经得起时间的考验。

心理学家和梦境工作者已经证明了释放强大的情感和记忆的重要性。如果某些情感和记忆得不到释放，它们可能会阻碍到我们的生活。梦把这些感觉和记忆带到意识中，让我们能够将它们释放、解脱。

布伦达·马隆（Brenda Mallon）已经当了近 40 年的顾问。在《梦、治疗和咨询》中，她描述说，当人们对梦进行治疗时，他们是能够识别自己的焦虑、恐惧以及与他人的关系的。马隆提到了一位女士，她梦到她的父母是用纸板做的剪纸，沉默而冷漠。那位女士意识到，这个梦表达了她童年时缺乏父母情感支持的深切感受。一旦这些感觉被带到意识中，我们就可以开始做疗愈工作，承认并整合，解决并超越，摆脱掉这些感觉强加给我们的限制和带来的痛苦情绪。

当你阅读这一章时，请记住，梦可以揭示某些难以接受的被遗忘的记忆，比如性侵犯或暴力的经历。如果你在梦中经历的情绪太极端，太令人不安，请不要尝试独自处理这个梦。有的梦实在太强烈了，会带来很大的痛苦，这种情况就不适合你一个人处理，哪怕这个梦是来帮你的。如果是这种情况，请联系一位经验丰富的梦疗师或心理治疗师，让他们帮助处理。

治愈过往有三个步骤。在这一章中，我们将介绍这三个步骤，以及在每一步中梦起到的帮助作用。

1. 记住过去。

2. 给过去的自己一些东西，工具、支持、治疗和爱这些当时很需要但是没有的东西。

3. 释放过去。

记住过去

看到上面的步骤，你可能会想，第一个步骤"记住过去"，这有什么好提的？我们当然会对那些发生在我们身上的坏事糟糕事记得清清楚楚：父母离婚带来的压力；为了找到一份满意的工作时付出的艰辛；当亲人去世的时候，我们是多么神伤。不过，你一定想不到，我们的潜意识为了保护我们，在我们没准备好之前，会多么强烈地压制和封印这些创伤记忆。

在几年前我教的一门短故事写作课中，家庭作业是在下一堂课分享一个梦。接下来的一周，一个50多岁、比较有思想的人说，他从来不记得他晚上做的梦，他所能回忆起的只是他童年时的一个很短的梦。他梦见他的祖母在谷仓里，荡在一根绳子上，死了。

我告诉他这个梦里面还有很多东西可以挖掘，并把我的清醒梦写作技巧推荐给了他。五分钟的清醒梦写作后，小组成员分享了他们写的东西。当轮到他的时候，当他告诉我们他在写作时的发现时，他显然感到震惊。他已经意识到——在压抑了半个世纪之后——他的"梦"实际上是一个真实的生活记忆。

现在他全记起来了，他回忆起自己八岁的时候，放学后回到家里的农场，发现祖母荡在一根绳子上，她在谷仓上吊自杀了。

他家人的反应是迅速而激烈的。

在医生证明祖母已经死亡，带走尸体后，家人要求小男孩发誓保密。

事关耻辱，全家人不想让村里人知道真相。

他们决定告知人们小男孩祖母的死讯，但是不告诉他们她是自杀的。

小男孩不得不接受这个事实。发现祖母的死这件事他也不被允许说出去。

他甚至不允许悲伤，因为祖母的名字现在都成了禁忌。

小男孩被迫散布了一个麻木的谎言来掩盖真相，而且做得如此有效，以至于他将谎言当了真，忘记了真相五十年！

这可能是一个特别极端的例子，但忘记过去，特别是这种高度创伤性的事件，并不罕见。人可以持续多年地压制生活中的精神创伤和其他不好的记忆。当我们经历痛苦，特别是当我们还是一个不懂事的孩子的时候，潜意识会帮助我们，将那些过强的情感封印在记忆盒里。这种健忘症是一种保护措施。

多年以后，潜意识认为我们现在已经准备好了，可以面对当初封印的一切了。这个阶段，一些梦就来了。

这些梦可能带有受伤的孩子、受惊的动物，甚至有难以理解的反复出现的梦境形象，一些带着可怕情绪的梦境形象。

当我们足够成熟并且能够应对时，过去那些被压抑的精神创伤或艰难情感就会浮出水面。

尽管我的创意写作小组中的那个人回忆起了他祖母在绳子上荡来荡去的画面，但他还是把它从他的意识中排除了，以为它不过是童年的噩梦的残余。由于他的潜意识在这段记忆上加了一把巨大的锁，他已经想不起这是一个真实发生的事情。现在他明白了这一事实，他恢复了真实的童年记忆，并能够从一个全新的、有意识的角度来看待他的家庭。

我们在小组里谈过这件事后，这位男子说，他终于知道了真相，他感到松了一口气，童年时期搞不懂的一堆事，现在一下子都说得通了。

治愈过往的精神创伤，第一步是解锁过去那一段记忆。

过去可以主宰我们，甚至连我们自己都不知道这一点。当我们与梦联系在一起时，我们打开了通往过去的大门，也打开了治愈的大门。

你可能会想："如果我不记得我过去的某些事情，那这种安排自有他的道理，坦率地说，我宁愿不知道！"这样想当然没问题：对自己温柔一点，不要强迫自己接受任何东西。关键是不要将过去翻来翻去，找一些让自己感到不安或委屈的东西，离这些东西远点。

本章将展示，当我们开始与梦一起工作时，什么样的过去记忆会浮现，以及如何以疗愈和自主的方式处理。

支持过去的自己，治愈你内心的小孩

20 世纪 50 年代末，我母亲在寄宿学校读书，在用餐的时候，老师们会在我母亲所穿的毛衣后面放一个衣架，这样如果她坐姿不正，衣架就会刮到她的背，迫使她坐直！这是一项源远流长的技术，我母亲在半个世纪前就完成了寄宿学校的学业，但你猜怎么着——即使在今天，我母亲仍然坐得很直。这当然不是一件坏事，但它可以作为一个例子，说明我们的姿势是如何被强迫的童年习惯所决定的。

在整个童年时代，父母或其他人在我们的生活中所采取的行动会对今天的我们产生生理、情感和精神上的影响。当我们意识到这一点的时候，我们可以采取措施来释放我们不再需要的东西——障碍、旧伤、自我批评、情结——然后继续前进。这并不是说我们应该将一切归责于我们的父母、老师或者学校里的同学。事实上，他们也受限于自身的过去和成长背景，这导致他们采取了错误的行动。

责备过去是没有意义的，纯粹浪费精力。

我们需要做的是改变我们与过去的关系和态度。梦帮助我们记住过去，也帮助我们疗愈过去。通过释放过去事件产生的强烈情绪，支持我们内心的小孩，开启人生新征程的一系列方式疗愈过去。

下面的这个有关"自我肯定"的练习很有益处，它帮助我们去爱和接受我们自己，包括今天的自己，以及我们身体里所有过去的年轻的自己。

练习 28 :

对自爱的肯定

选择一个"自我肯定"的句子，或者自己编一个。

每天在浴室镜子前刷牙的时候，说出这个肯定句。或者任何时候当你有空做反思时，都可以说。每当你注意到自己有负面情绪或批判性的思考时，那它就是说出来的好时机。

如果你认为，"我是一个没有用的父母"，那么代之以"我正在尽我最大的努力，我爱我自己"。随着时间的推移，这种思想的转变会变得自然，你的自爱和自尊会增加。当这种转变发生时，你会看到它的益处，你与他人的关系会变得更加和谐。

以下是对爱自己的一些肯定：

我爱并原谅自己。

我完全接受现在的这个我。

每天爱和关心自己是很好的。

我正在尽我最大的努力，我爱自己。

我爱自己，别人也爱我。

当我珍惜自己的时候，我就更能珍惜别人。

每个人都有丰富的爱，包括我。

什么是"内心的小孩"？

你"内心的小孩"就是年轻得多的你自己。我们有许多年轻的自己！在我们每个人的身体里，有一岁的我们、两岁的我们、三岁的我们，直到我们现在这个年龄的自己。

在梦中，我们比清醒时更容易接触到年轻的自己。有时候，我们可能不会觉得自己在梦里面是一个孩子，但有些东西告诉我们在梦里我们是孩子，比如梦中的另一个人的年龄。在回忆一个梦的时候，我们可能会说："在梦里，我在我童年的家里，我16岁。"或者："在梦里，我在做两年前的那个洗车工作。"或者我们会梦到一个蹒跚学步的孩子，说："然后在梦里我变成了一个刚学会走路的孩子。"

梦不受时间或空间的约束。做梦的时候，我们都是时间旅行者。我们很容易穿越，成为一个更年轻的自己，甚至是一个更老的自己。

许多上了年纪的人在他们的短期记忆变得不稳定的时候，会清楚地回忆起他们的童年。我们所有的生命记忆都储存在我们的内心深处。我们只是在大部分时间里不需要它们，或者因为太忙而无暇顾及它们，所以，我们关上了门，忘记了它们。

在梦中，通往过去的大门打开了。

通过梦，我们可以用我们现有的知识、理解和力量，追溯性地给予我们体内所有的年轻的自己爱和支持。通过这样的方法，我们就治愈了过去。我们治愈了过去，就优化了现在，也就创造了一个更幸福的未来。

内心小孩的梦

凯伦在童年时抛弃了她的情感自我，以适应她的家庭的期望，即她应该"成熟"，不能轻易表露情感。她被迫以这种方式封闭自己，失去了与真正的自己的联系，在她生命的外层下面，有一个"火山"。当她开始和一位生活教练进行深入的内心交流时，"火山"突然爆发了，她的梦里满是狂风骤雨。由于她的教练不知道如何给她提供关于梦的建议，凯伦找到了我。

她每天晚上都有暴力的、怪异的、极其生动的梦境，她感到害怕和情感上的疲惫。我打消了她的疑虑，向她保证，所有的梦（无论多么奇怪！）都是来帮助和治愈她的；她这些梦的问题，只是一个对梦境象征意义的理解问题，以及如何让梦的故事或内心电影变得更美更好的问题。

我告诉凯伦，如果她对梦的技术掌握得越熟练，就越能明白这些梦所蕴含的意义，那么现在这一切都是值得忍受的，一切都将水落石出、尘埃落定。

凯伦分享了一系列暴力梦，比如下面的梦，她在梦里向人射击。

凯伦的梦：枪击杀人

我梦见我被人包围，我感到有危险。

我向他们开了很多枪，以确保他们真的被打死了。

直到后来，梦中的我才意识到他们都是我自己的一部分。

在凯伦的大部分梦境中，我发现了非常积极的一面，那就是她梦中的觉知意识。她清楚地意识到，在这些梦中，她拒绝了自己的某些部分，她觉得这些部分与自己是分离的，以至于她把它们视为极具威胁性的、危险的敌人，她需要杀死这些敌人。

虽然这些梦并不是完全清醒的，但是凯伦在梦里能理解到梦中人物所代表的含义，这种反思意识表明凯伦的梦中觉知增强了。随后，一个突破性的梦到来了：

我梦见一个孩子死了。我感受到了创伤和悲痛。

我记得我在我父母家，感觉失控了。

在梦的最后，我意识到这是我内心的小孩，然后她回到了我的怀里，我把她安全地放在圣诞树下。

凯伦觉得，在这个梦中，她开始重视和欣赏自己曾经总是拒绝的某一部分。

在以前的梦中，她杀死了她内心的小孩。

随着这个梦境系列不断发展，凯伦在重新整合她内心的小孩方面取得了巨大的飞跃。梦中的死亡往往代表着一种转变，而她内心的小孩最终复活了，这一事实似乎反映了她改变自己与过去的关系的能力，这是她第一次开始深切地关注自己。经历这样的梦可能是痛苦的，但它们反映了做梦者自己的勇敢转变。凯伦最后的那个梦是很值得重视的，因为它包含了一个深刻的治愈故事。当凯伦继续努力修复她与父母的关系，并整合和培养她年轻的自我时，这个梦可以一直陪伴她、温暖她。

在梦中照顾孩子和婴儿是至关重要的。如果孩子有危险就去救他。给孩子以舒适、饱暖和安全。如果他受伤了，就治好他；如果他死了，就复活他。如果梦中的疗愈不起作用，你也可以通过做清醒梦游戏来疗愈。你梦中的孩子需要你。通过下面的练习，我们可以重新进入梦境，并在梦中给你的内在的小孩提供建议和帮助。

练习 29：

培养年轻的自我

你可以用任何有小孩的梦来做这个练习，不管你是否把梦中的小孩当成你自己的孩子。

大多数情况下，任何出现在你梦中的孩子都可以被看作你自己的一个方面。或者，你可以选择你人生中的任何年龄或阶段做这个练习：产后抑郁的时期，父亲去世的时候，或者你感到孤独的时期。这个练习的目的是回到你生活中的某个需要帮助、爱和安慰的时刻，并从你现在更成熟、更明智的角度来提供帮助。

这是一种培养你自己的方式，承认你生活中所遭受的痛苦，并通过释放情感上的负担来摆脱这些经历，开启新生。

1. 手里拿着笔和纸。闭上你的眼睛，画出一个你梦里的孩子，或者如果你更愿意想象一下你年轻时的样子。这可能是你小时候的样子，或者是年龄更大些的时候的样子。

2. 关注这个年轻时的自我（或梦的自我），并给予同情。注意任何情绪的产生。尽可能深入：看看年轻时的你内心和思想里发生了什么。他感觉如何？他有任何麻烦吗？发生了什么——有什么行动吗？

3. 稍微睁开眼睛，拿起你的笔，不要思考不要纠正，不停地写就是了。写得快点，以保持与潜意识的联系。

4. 你写的东西是完全没有限制的。你可能会发现自己在描述你看到的任何图像，你感觉到的任何情绪，或者从那段人生中进一步展开的记忆。你可能会在你的想象中发现一个新的、更积极的意象链。

如果你正在做一个婴儿或孩子死亡或受伤的梦，你要在精神上帮助他们，记住任何事情都是可能的——在这种想象的梦境中，死人可以复活，奇迹可以发生。

你可以从年轻的自己的角度来写作，或者写一段现在的自己和年轻的自己之间的对话，也许你年轻的自己有问题要问你。找到一种安慰和指导他的方法。

5.如果你喜欢，用一种让这个年轻的自我感觉良好的肯定来结束你的写作。这可能与你给自己的建议有关，也可能更笼统："我释放了过去，我的心里感到幸福。"

与你内心的小孩重新联系的一个好方法是做一些你小时候喜欢做的好玩的事情，比如去滑冰，在乡村散步时收集路边的宝贝，或者做一些自由和简单的手工艺术，让自己真正地享受沉浸在里面，这会让你有一种所谓创造性的混沌的感觉。

这个练习可以用你喜欢的任何梦来完成。

练习30：

为你内心的小孩提供艺术疗法

1.收集一些制作艺术品的基本工具：油漆和刷子、杂志、剪刀、胶水、黏土以及任何你喜欢的户外的东西——秋天的树叶、掉落的松果等。找一些孩子喜欢的东西——光滑的颜料、闪闪发光的胶水、蜗牛壳等。

2.闭眼坐着，用想象的方式重新进入你的梦，直到它变得明亮和真实。在你的梦境电影中找到最感人的画面，感受你内心和身体的情感。

3. 睁开眼，不要过度思考，快速素描、拼贴或塑造你的梦境形象。沉浸在对梦中情感的体验中，双手自由发挥创造。没有对错之分，放松就好，不要管作品看起来如何，专注于让你的梦境能量自然流动。马马虎虎也好，玩玩也好，随心所欲。没有人会在这上面评判你，这只是一种乐趣。把它看作一种与你内心的小孩互动的方式即可。

释放过去

释放过去是疗愈的最后一步。你可能会问，直接遗忘的疗愈效果会不会更好？何必回忆一遍又经历一遍呢？但是压抑某些事是需要耗费大量的精力和让你有极大压力的，如果我们找不到好的应对方法，压抑自己的过去可能会使我们生病。让我们来看看澳大利亚艺术家简通过清醒梦释放情绪放下过去的过程。

简的梦：木乃伊的释放

长期以来，我身体的消化方面一直有问题。这个问题是在 21 年前我母亲突然去世后开始的。我从来没有正确地"消化"我母亲的突然死亡以及我的家庭的解体，就像我同时面对一个患有抑郁症的丈夫和一个新生儿一样。

现在回想起来，我意识到我无法化解当时的多重创伤。

我正在检查一具未包裹的木乃伊尸体；我注意到木乃伊的躯干到大腿中部的皮肤如皮革般闪亮，是一种迷人的褐橙色。我在梦中清醒了，心想："这就是我。一个死了的木乃伊。"然后，从它的身体里流出一种橙棕色的液体。我在清醒梦状态下修改了我的梦境主题："更正：一个死了的木乃伊在释放。"

我醒来时被这个梦震撼了。我觉得自己老了，有变干的感觉。我担心这个梦是枯燥的老年的预兆。通过咱们一起对这个梦的解析，我开始接受这个强大的梦境意象正在告诉我，我开始释放那些困扰多年的旧思想、情感和感觉。

当我在国际梦研究学会会议上遇到简时，尽管她仍然感觉自己在"变干"，但她给我的印象是一个充满活力的女人，开朗爱笑，充满了欢乐的创造力。我猜想她的能量已经从根本上改变了，也许是因为这个梦以被困的能量的形式释放了过去的心理创伤。我对她说，她的梦似乎不仅仅是"一个死去的木乃伊（mummy）的释放"，它还"释放了死去的母亲（妈咪）"。简最终似乎找到了方法释放那些由母亲的死导致的旧感情，从而进入了一个新的阶段。

简回答道：

"是的！你说的完全正确。多么正确的洞察力！是的，一旦我分享了我的这个梦，母亲去世所沉积的那些顽固的感觉就开始转变了。

让我感觉可怕的估计就是这些悲伤和失去的感觉。

"如果我母亲去世的创伤已经被锁在我身上20年了，那么我当然会木乃伊化和枯萎。我意识到这个梦正在释放这种能量。我觉得在你的帮助下，我完全破解了这个梦的密码。"

梦可以帮助我们缓解过去的痛苦和情感焦虑，通过释放它，我们能够朝着新的方向前进，并充分享受我们的生活。在简的梦中，木乃伊象征着向新生的过渡，并成为孕育下一个创造的标志。

当我们释放过去时，我们释放了大量的创造性能量。

在完成这次梦境疗愈合作的6个月后，我和简聊了聊，她参与了令人难以置信的创意项目：她在一个艺术节上导演了一场现场多媒体表演，并被授予了艺术疗愈硕士学位。

她告诉我："我现在对你的预测感到惊讶，一旦我整合了梦的能量，它就可能带给我一个全新的创造性世界。和你一起解开这个梦的过程让我意识到，艺术疗愈和梦境工作才是我应该努力的方向。我现在百分之百地朝这个目标向前走。"

当我们放下过去的时候，我们打开了通往新的机遇的大门，并确保自己有一个更幸福的未来。

宽恕

我们已经研究了梦及其相关工作如何帮助我们记住过去的经历，支持和珍惜我们年轻的自己，并释放消极的过往事件。

治愈过去的最后一步是宽恕，原谅那些伤害过我们的人。宽恕绝对是一种变革性的实践。当我们真正原谅别人对我们的所作所为，以及他们给我们带来的感受时，我们的内心就多了一个新的空间，那些新的、美丽的体验将更多地进入我们的生活。通过治愈我们的人际关系，让我们更有自我价值和更自由地生活，宽恕似乎可以像魔法一样发挥作用。不要担心如何原谅伤害过你的人，只要愿意原谅他们就已足够。

放下它们，这样你就会摆脱过去对你的控制。你会变得自由。宽恕本身就足以改变你的整个人生。

练习31：

原谅—爱—放下

和原谅别人一样重要的是原谅自己。有时候我们都不知道自己对自己是多么苛刻！我的这个"原谅—爱—放下"练习可以用来原谅他人和原谅我们自己，这样我们就可以释放过去，进入更幸福的未来。

1. 保持舒适，坐着或躺着。做几次缓慢的深呼吸来清理你的大脑，闭上眼睛。

2. 想象一下你想要原谅的人。如果仅仅看到他你就会产生强烈的负面情绪，那就把他想象成一个小孩子。

3. 说："我原谅你，某某某，给我带来的痛苦。"要真的觉得自己原谅了他。

4. 然后说:"我送给你爱,某某某。"想象这份爱如金色的光照亮这个人。

5. 最后,说:"我释放我的痛苦。"将你的痛苦呼出,感受它的消散。如果在某些时候,你发现自己对那个人的指责或负面情绪堆积了起来,要么重复上述步骤,要么今天到此为止,当你准备好的时候再来。

6. 为自己做同样的练习。说:"我原谅自己。"列出你原谅自己的事情。说"我爱我自己",真挚地从心底里说出来。

第七章

噩梦与化解之术

美梦让人醒来后神清气爽，心情愉快，而噩梦则让人醒来时心有余悸甚至难受。一日之计在于晨，晚上的梦是美梦还是噩梦，决定了我们每天的清晨有一个好的开始，还是一个坏的开始。

噩梦指的是那些令人难过或极度令人不安的梦。每个人都偶尔会有噩梦，这些噩梦实际上最适合用来开展梦境工作了，因为它们通常情感丰富，深刻，并且带有可以帮助我们人生的重要信息。

梦希望能治愈我们。它们准备尽一切力量来帮助我们，如果能吸引我们的注意力，它们不惜用噩梦来折磨我们。但是，如果我们一直做噩梦，这意味着什么？我们如何才能改善这种状况呢？

关于噩梦，有两件重要的事情要记住：

1. 从梦境疗愈的角度看，偶尔做噩梦是一件好事，因为噩梦非常适用于梦境疗愈。它们往往能照亮我们潜意识中有待解决的问题，并让我们对自己的生活有深刻的认识。

2. 有太多的噩梦，或者反复出现的噩梦，则是不好的。因为它们会扰乱我们的睡眠，并会严重侵蚀我们的幸福感，有些人甚至会害怕睡觉。

在这一章中，我们将探讨如何解决反复出现的噩梦，以及如何以积极的方式应对任何形式的噩梦，包括那些由精神创伤引起的噩梦。我们还将研究如何从梦魇般的睡眠麻痹（俗称"鬼压床"）中解放自己。

许多长期受噩梦折磨的人并没有意识到噩梦对睡眠会有多大的干扰。睡眠对健康是至关重要的，所以任何干扰它的事情都必须被关注。有的人做噩梦后，他们的潜意识会推迟睡觉时间，竭尽所能避免睡觉，过了一段时间后，他们会失眠。这样一来，一个问题变成了两个！这又会引出第三个大问题：失眠导致精神状况不佳，无法应对生活中的问题。

幸运的是，我们可以采取一些简单的步骤来确保我们拥有更快乐的梦境生活和健康的、有助于恢复的睡眠。

噩梦通常被认为是因压力而造成的，或者是因为心理创伤而造成的。但当我们更仔细地观察大脑的运作方式时，我们会发现，反复出现的噩梦也是一种"习得"行为。也就是说，就像破纪录一样，大脑一次次拐进同一条它已经熟悉的"沟"里，然后噩梦就会一次又一次地出现。好消息是，这种"习得"行为是可以改变的。如果你已经养成了做噩梦的"坏习惯"，你完全可以改掉它。

方法其实很简单，精神病学家约瑟夫·奈德哈特（Joseph Neidhardt）博士和医学博士巴里·克拉科（Barry Krakow）领导的团队在这方面做了几十年的研究，他们的方法已经被证明是非常有效的。他们发现，当你对噩梦进行改编时，你的噩梦较少，睡眠质量也会提高，从而使你有更强的能力去应付生活。对噩梦进行改编会让大脑从消极的"沟"里跳出来，进入新领域。

清醒梦也是一种对抗噩梦以及减少噩梦的频率的有效方法。2003 年，维克多·斯波尔马克和他的同事进行了一项研究，参与者在一个小时的讨论会期间讨论了在噩梦中变得清醒然后将梦境变得更好的可能性。这些参与者事后还接受了清醒梦的诱导技术培训。两个月后的随访表明，所有参与者的噩梦频率都降低了，整体的睡眠质量也更高了。

当我们在一个可怕的梦境中"清醒过来"时，我们就已经拥有改变梦境的强大力量了，例如，把爱发送给梦中可怕的人物，询问他们是否有信息给我们，或者，如果感觉有必要的话，施展"神通"来克服这些困难。

一旦我们知道自己是在做梦，我们就有能力以积极的、创造性的方式改变梦境，而不太可能再被噩梦折磨。即使你不是一个经常做清醒梦的人，做梦境疗愈的练习也可以获得和做清醒梦一样的疗愈功效。

梦境变成噩梦时，该怎么办？

梦很乐意和我们交谈。一旦你开始关注你的梦并开始记录它们，它们就会变得更聪明、更有创造力，并且会对你的问题做出回应。

不过，可别以为梦是来打打招呼闲聊的。当我们的潜意识有事需要我们去理解的时候，梦就会以噩梦的形式对我们大喊大叫。

无论是我们压抑自我，没有给予自己足够的爱和关怀，或是走在自我毁灭的道路上，梦都会像一面镜子一样向我们展示我们的真实感受。于是，我们开始做噩梦。

下面是一些解决噩梦、创造更快乐梦境人生的方法。

练习 32：
创造一个更快乐的梦境人生

◎ **问梦一个问题。**当你在噩梦中"清醒"时，提醒自己你可以把它变成一个学习的、治愈的经历。平静地呼吸，问问那个吓人的人物或者梦境中令人不安的元素："你想要什么？"或者："为什么我梦到了这个？""你在这儿教我什么？""你给我捎了口信吗？"或者："这种情况在我的生活中象征着什么？"梦的场景可能会自发地变成另一种东西，或者你可能会听到一个不见其人的声音告诉你答案。

◎ **把和平和爱传递给任何让你不安的事物。**把爱、和平、宽恕或治愈的白光发送给让你感到恐惧的梦中人物或情境。用内心真诚感受，梦境通常会在瞬间改变。你也可以在醒着时的重入梦境练习中运用上述方法。

◎ **孕育一个疗愈的梦。**让你的自我送给你一个疗愈之梦，来帮助你释放过去的精神创伤，或者打破噩梦的循环。把你的要求写在一张纸上，放在枕头下，当你在夜里醒来的时候碰一下那张纸以提醒自己。把你所有的梦都写下来，寻找那些疗愈意象，比如充满活力的大自然、健康的动物、美丽的风景或与梦中人物的正面积极的邂逅等等。随时可以用"做一个疗愈呼吸"的练习来吸收这些疗愈图像。

◎ **把负面元素作为"我自己的一部分"来探索。**这是一种醒着时的技巧。找出噩梦中哪一部分对你有最强烈的负面情绪影响。是豹子在你的卧室里潜行吗？还是那个脸上有死亡表情的老妇人？它可能是一座不祥的山，或者是当你看到一个无底的梦境深渊时的那种头晕目眩感。用一个或两个词定义这些负面情绪，然后从这些负面元素的角度重新讲述梦境，就好像它是你自己的一部分一样。例如，潜行的豹子可能会成为"我的残忍、危险的一部分"。当你重新讲述这个梦的时候，你会发现你的这个残酷的、危险的部分，到底想要什么，需要什么以及为什么出现。

试着用同样的方式给梦中的其他负面元素贴上标签，看看当你重新讲述梦的故事时，它们是如何相互作用的。结果可能是有启发性的，人们经常发现他们梦境中的"负面"部分实际上并不像他们想象的那样负面，豹子可能并不残忍和危险——你可能会发现它是在你的卧室里感到不自在或者迷路了，希望能找到回家的路。此时，梦境游戏的下一步将是问问你自己："在我的生活中，什么地方让我感到迷失和不自在？"当我们架起通往现实生活的桥梁时，梦的意义常常会变得清晰起来。

◎ **拥抱"阴影"。**噩梦使我们直面"阴影"原型的创造性力量。你可能还记得，原型是原始的模式、神话人物，或者是来自"集体无意识"的意象。阴影原型代表了我们所压抑的一切——我们自己的阴暗面。当我们选择成为一种特定类型的人（例如：脾气暴躁的人）时，它会自动暗示你规避某些方式（在此例中：愤怒）。但这并不意味着这些被压抑的特征消失了，它们仍然在我们的潜意识中。这些被拒绝的自我会在噩梦中浮现。我们可能会梦见愤怒的人，或者是自己愤怒的反应。然后我们醒了过来，心想："在现实生活中，我永远不会这么生气！"这是一个线索，这个梦揭示了自我的阴影，我们内在压制的东西。

荣格相信，为了拥有一个完整的健康的心灵，当我们遇到阴影的时候，拥抱它是很重要的。他觉得阴影是创造力的源泉，给心灵带来了伟大的礼物，但我们只能在直面与接受阴影时才能收到这些礼物。噩梦显示了我们的自我中排斥的一面，需要我们整合。在噩梦中变得清醒，或者醒后做清醒梦游戏都可以非常有效地整合阴影，并从其中获益。当我们拥抱自己的阴影时，我们会变得更快乐、更平衡。

当我们注意到噩梦并尝试对它们的信息采取行动时，噩梦就会开始转变成疗愈的梦，就像苏珊那样，她被一个"困在梦里"的噩梦反复折磨，因为怕再梦到，她都不敢睡觉。

苏珊的梦：困局

在我的梦里，我睡着了，然后半夜醒来，觉得我需要赶紧从卧室里出来，可是没有门。我感觉自己实际上是醒着的，但我显然不是。我完全迷失了方向，甚至不知道哪条路是往上，哪条路是往下。最后，我真正醒了过来，感到非常害怕和茫然。

"每当这个梦再次出现的时候，它就会变得更加强烈。直到克莱尔告诉我，梦是来帮助我们的，我应该把它们写下来。我从来不知道梦是有目的的，我也不知道还有一门关于做梦的科学。一旦你知道背后的原理和体系，你就能理解它。我再也不害怕睡觉了，因为我知道梦在帮助我。

"我开始写梦境日记。我也着手解决过去的问题，接受过去的感觉，而不是试图把它们赶走。噩梦让我感觉自己被困住了，我想出去，但实际上我觉得，我没那么想出去，而是更想要和我失去联系的那部分自我取得联系。

"不久之后，我经历了一场转变，噩梦自然而然地转变成了美妙的梦：

我梦见我睡着了，我醒了过来，觉得自己有必要离开房间，但这次的房间不是我自己的房间。我在梦里起床了，以为找不到门，但我发现门就在那儿，它是开着的，我走到外面，进入了一个美丽的花园。"

苏珊做了三件重要的事，使她的噩梦发生了转变。首先，她接受了梦是来帮助她的想法，这让她不再那么害怕睡觉。其次，她开始写梦境日记，这是与梦建立关系的极其重要的方式。第三，她不再压抑过去的感情，开始着手解决这些问题。在这三个层面上，苏珊的新态度开启了她的潜意识。她开始倾听，并得到了回报，比如噩梦的"出路"（以门为象征），以及她的自我美丽世界（以她的梦中花园为象征）。

练习 33：
如何转换噩梦

清醒，无论是清醒梦里的"梦中清醒"，还是我们现实中处理梦境时的清醒，都会对噩梦产生长期的影响，因为在"清醒"的意识状态下，我们知道"我们可以改变梦境"。

当我们能够在噩梦中面对我们的"内心恶魔"时，这种清醒意识能够帮助我们改变梦境，从而一劳永逸地转换噩梦。

然而，有些噩梦过于强烈，不能独自面对。如果你患有抑郁症，或有自杀倾向，或处于精神病发作期，或者你有严重的焦虑症或者最近失去了亲人，请避免使用这些技术。在这些情况下，最好是找一个训练有素的治疗师，他可以给你关于如何处理你的噩梦的个性化指导。

1. 在你醒来后的任何时间，通过让梦的影像和事件涌入你的脑海，重新进入你的噩梦。记住，你是绝对安全的。如同看电影一样，观看梦境意象和情感的流动。注意任何象征意义、可能的意义或与你现实生活的联系，整个过程中不要强迫自己联想。

2. 当你的梦境电影放映的时候，找出它开始变成噩梦的"噩梦开始时刻"。

比如你的心开始吓得怦怦乱跳的时候，或者是那个坏人出现在大街上的那一刻。当你找到"噩梦开始时刻"，你就知道该从何处开始处理了，该你来恢复梦境秩序了。

3. 把你的梦倒带，倒到你感觉合适的位置。现在想象一下，你在梦中是清醒的：你知道你在做梦，你可以随心所欲地改变你的行为。你拥有飞翔、隐形和永生的力量。你还可以求助，帮助者会出现，你可以问那个恐怖的男人为什么要追你，或者找出桌底死婴的象征意义。要知道这是你的梦，你可以用积极的、治愈的方式在你的想象中重现它。

4. 顺其自然，该变就变。你知道你是全程安全的，你可以随时停止。

有时候，只是简单地在没有恐惧的情况下重新体验噩梦，不需要做任何改变，就足以获得我们所需要的理解和疗愈。你可以重放这个梦几次，尝试不同的解决方案，直到你找到最好用的方法。当你这样做的时候，你就会知道：那些梦境意象给你带来的紧张感会减轻，你会感觉好多了。

这项技术可以帮助我们理解一个令人苦恼的梦所传递的信息，帮助我们去改变和治愈。让我们来看看我几年前的一个可怕的梦，看看我是如何努力去改变和学习的。

克莱尔的梦：女厕所的噩梦

我在一个大型公共建筑里。我进了一个厕所隔间，但里面有人。令我震惊的是，我看到一个女人正坐在马桶上，她被盖子完全压扁了。她弯着腰，脸被压在马桶里，胳膊在身体两侧。她长长的金发垂到地上，她一动不动。她在厕所里淹死了。

很快，我就退了出去，冲进隔壁的小隔间，我的心跳很快。这个场景太令人震惊了，我在梦中清醒了。我意识到，我非常不愿意回去面对这个可怕的梦境场景。我还没来得及做任何事情就醒了，醒时有一种不舒服的震动感。

在我五岁的女儿亚斯敏被诊断出患有严重的自身免疫性疾病后不久，这个梦就出现了，而且持续了一整个冬天。医生们给我们开了处方，尽管我们尽了全力，亚斯敏的健康状况仍然没有好转，我

们那时刚刚得知她的支气管炎病情加重了，她正处于再次患上肺炎的边缘。

我的梦一直在给我发出警告，告诉我，我正处于压力之下，对这种情况感到不安。我曾梦见过被淹没的灰色田野，一只被关在笼子里有着痛苦眼神的猩猩，甚至有一个梦中我在想："我正在经历痛苦！"我把这些梦记录了下来，也知道需要处理。但是日复一日照顾生病的孩子的现实占据了一切。

当噩梦来袭的时候，有个事实让我尤其震惊：我发现即使当我做清醒梦时，我也不想面对这个可怕的梦境。

我曾做过成千上万的清醒梦，通常我都能很勇敢地面对梦境中的困难。所以，这次我的犹豫态度让我明白了眼前这个噩梦是如此强烈、如此非比寻常。我必须面对它，找出它想让我知道的东西。我闭上眼睛，放松，思想回到了我的梦中。经历如下：

我以旁观者的身份重新进入梦境，看着梦中那个走进厕所被场景震惊的我，我伸出胳膊搂住梦中的我以表示支持。这个操作一下让旁观的我自然而然地变成了梦中的我，我把马桶座翻起来，把那个女人弄了出来。我把她放在地板上。她看起来冷冰冰的，毫无生气。我在她冰冷的脖子上，耳朵、喉咙甚至她的嘴唇上涂了些奶油。这重新激活了她的血液循环，她又活了过来。我意识到她还没有死，只是昏了过去。

我继续将奶油抹到她的手臂和手上，那个女人动了，她坐了起来，我拥抱了她。我帮她站了起来，我注意到抽水马桶里有一块珠宝——一枚戒指。我把戒指拿出来，将它和我的手都洗干净，然后把戒指还给那个女人。她把它弄丢在马桶里了，她在失去知觉前就一直在找它。

我问她是否愿意离开这里，她说好。我们走出大楼，穿过马路，进入一个绿地公园。在公园里，我看着那个女人的戒指，它是亮蓝色的，很美丽。我问她这对她意味着什么。她的回答很简单："希望。"我想："哦！她把希望丢在厕所里了！"

突然之间，我的这个梦的意义就变得清晰了：在亚斯敏的病被诊断出来后的那艰难的几个星期里，我的一部分自我失去了希望，那部分自我因此差点被淹死，或被困住，或被关闭。现在我拯救了被困的那部分自我，恢复了我的希望。

这种认识是有巨大作用的：我终于接受了过去几个月我受的情感打击，不再将自己的情感藏于幕后。我觉得帮助厕所中的女人和找回戒指是一种非常有益的、非常有疗愈作用的行为。清洗戒指象征着净化。通过一个短暂的梦境工作，我已经确定了我这个噩梦的意义，拥抱了自我中有阴影的一面，改变了这个梦的结果。我保留着戒指的疗愈形象，用它来提醒自己希望的力量。随着日子一天天过去，我女儿的健康状况逐渐好转。幸运的是，她在那个时候没有患上肺炎，当冬天过去，春暖花开的时候，她变得更加强壮了。

任何人都很难承认"自我中绝望被困的部分"。谁愿意承认一个失败的、不令人鼓舞的、阴暗的自我的存在？我宁愿做个超级妈妈，总是带着微笑拥抱我的孩子，在任何情况下都能应付自如。但我们都很脆弱：如果我们忽视了我们内心的真实情况，我们就很容易崩溃。梦不会说谎。"看，"它们说，"这就是你的真实感受，就好像你在厕所里淹死了一样。这是不好的，不健康的。把它捋清楚吧！"

我这个噩梦的转变花了不到十分钟，但它的影响是巨大的。梦境疗愈不需要是一个漫长拖沓的过程，只需几分钟我就能受益。一旦我解决了这个噩梦，我每晚的梦都出现了治愈的意象。在一个梦里，我从一个黑暗的地窖爬到阳光和空气中；在另一个梦里，阳光明媚的沙滩上，我高高坐在救生员的椅子上，看着美丽的海浪波涛，我想："我是完全放松、快乐的！"

我的梦境生活反映了我所做的梦境疗愈的效果：我没有试图将我不想要的、不承认的绝望情绪冲到厕所里，而是接受了这些感觉，并将这部分自我治愈了。如此，我变成了"快乐的救生员"，一个能够欣赏生活的美丽，同时保护她孩子的生命的母亲。

你可以用你的想象力去改变你经历的任何噩梦。用特殊的力量、强大的盟友和内在的资源装备起梦中的自己。做任何你认为正确的事来支持和帮助梦中的自己。如果你喜欢画画，画出你最喜欢的噩梦解决方案。提醒自己："我是一个坚强、机智的做梦者。"你在日常生活中设想的解决噩梦的方案越多，就越能形成根深蒂固的习惯，你就会发现这种习惯会以一种可识别的方式蔓延到你的梦境生活中。你会变得更勇敢，更有创造力，在梦中更能随机应变，你的梦境生活也将会变得无限美好。

梦境疗愈法疗愈由精神创伤引发的噩梦

对经历过精神创伤的人来说，他们很可能会有令人不安的梦境。其根源可能来自从性虐待到酷刑，从车祸到战争的任何事情。在这些噩梦中，最深层次的创伤事件经常会重现，患者会在极度紧张的状态中醒来。美国国家创伤后应激障碍研究中心称，研究表明，当创伤幸存者患有创伤后应激障碍时，71% 到 96% 的人可能会做噩梦，其中一些人一周做几次噩梦。大约一半与创伤相关的噩梦是创伤事件的直接重演：如果有人多年的创伤是飓风造成的，他可能会梦到洪水和大风。最著名的创伤后应激障碍噩梦疗法是由约瑟夫·奈德哈特博士和睡眠障碍专家巴里·克拉科在 1995 年提出的。下面是步骤。

练习 34：
意象排练疗法

---

1. 写下你的噩梦。

2. 在你的脑海中，通过思考和想象，为噩梦创造一个新的、积极的结局。

3. 每天在脑海中排练这个新的结尾来重新训练大脑。尽力在脑海中画出一幅生动的内在图画。

当我们通过改变噩梦故事的方法处理疗愈意象时，我们重新训练了大脑，使它在做梦时不再陷入重复的消极循环中。如此，我们会有更能让人恢复的睡眠，能够以更强的能量和韧性迎接新的一天。通过改善我们的梦境生活，梦境疗愈法也改善了我们的现实生活。

噩梦可能是精神创伤未得到解决的危险信号。我们大多数人都经历过某种形式的创伤。也许我们在学校受到了欺负、失去了父母，或者目睹了一些可怕的事情。创伤可以是一些看似平淡无奇的事件，比如小时候搬家远离了好朋友，也可以是一些可怕的事情，比如被袭击或卷入一场严重的事故。当我们知道如何温柔和有尊重意识地与梦合作时，梦可以帮助我们整合并最终抚平这些创伤。

如果我们真的抚平了过去的那些创伤——这意味着我们心理上不再被创伤捆绑，释放出创伤所带来的恐惧、内疚、失去或厌恶的情绪——那么我们就可以摆脱这些沉重的阴影。这让我们可以摒弃一些无益的情感模式，比如习惯于感觉自己无法保护自己，或压抑自己的感情等。

这是过上幸福生活的极其重要的第一步。

改变梦境可以帮助我们从噩梦中得到疗愈和恢复，即使是那些与深层创伤相关的噩梦也不例外。像下面的练习一样，有意地释放创伤性记忆或不安的梦境意象也是一件好事。

练习 35：

创伤释放仪式

执行一项仪式来释放创伤和令人不安的噩梦图像。

这个仪式可以在醒着或睡着的时候完成。如果你想在清醒梦中完成，可以提前计划一下你想要在梦里执行的仪式。

在我们的生活中，我们都有自己想要放手的东西——一颗破碎的心、一种创伤性的记忆、内疚、失去珍爱的人。但有时候放手可能会很困难。创造一种仪式来释放我们需要释放的东西，重新向前进发，是很有帮助的。

1. 简单就好。选择一个物品，来代表你要释放的东西。

2. 确定释放仪式。你可以选择在海浪上放一朵花，看着潮水把它带走，或者把一块石头扔进河里，看它沉下去。你也可以仪式性地毁坏那个作为代表的物品，或者埋葬它。或者，如果你更喜欢，你也可以在大自然中找一个美丽的地方，感受大地对你和你的痛苦的包容。

3. 当你执行仪式时，要意识到生命、死亡和重生的循环，并关注这一时刻的永恒和现在。确知自己可以改变和治愈自己。

4. 吸入新鲜空气进入你的肺部，呼气释放你要释放的东西，一口气全释放出来。

5. 在完成一项释放仪式后，一定要给自己一个安慰的犒劳：一次有香味的沐浴，一顿最喜欢的美食，一次 SPA。好好照顾自己。

睡眠麻痹：如何将不愉快的睡前感觉转化为清醒梦

我们开始入睡时都会经历一个叫作睡眠麻痹（sleep paralysis）的阶段。我们身体的肌肉在每晚入睡时会自然麻痹，以防止我们在现实中做出梦里的动作。这让我们和我们的伴侣安全睡眠，如果没有这个机制，我们可能在梦里射门时将现实中的床踢翻，或者在梦里对付侵略者时使出空手道劈向身边的伴侣。

唯一没有麻痹的肌肉是呼吸肌（所以我们仍然可以呼吸）和眼部肌肉，这就是为什么你有时会看到你的伴侣在睡着的时候，眼睛在紧闭的眼睑下来回移动。

大多数人在睡觉过程中不会注意到这个阶段，因为人们在入睡时已经没有了清醒的意识，所以注意不到。但有的时候，人们有可能在睡着的时候意识却是清醒的，他们会自以为自己还醒着。当他们听到奇怪的声音或者看到奇怪的图像时（这是我们每晚都要面对的一种自然的睡前现象），他们会惊慌失措，试图移动，但发现自己动不了。这就会产生一种极其不愉快的感觉，感觉自己被困在身体里，无法控制四肢，还感觉周围有一些讨厌的东西。

患有"睡眠麻痹"的人经常报告说，他们的卧室里有一个危险的入侵者——他们能听到入侵者沙哑的声音靠近他们的脸。事实上，他们独自在卧室里，他们能听到的是他们自己的呼吸。就像很多事情一样，一旦我们知道了什么是睡眠麻痹，我们就会发现自己处于一个好得多的境地，可以平静地应对发生的所有奇怪的感觉。除了闯入者的感觉，我们还可能感到从某种东西的边缘坠落的感觉，振动，向前高速射击感，飘浮，翻转，伴随嗡嗡声、说话声、滴答声和鸣叫声。我把这些奇怪的经历和感觉称为"过渡效应"，当我们从清醒状态转变为睡眠状态时，它们就会出现。

关于大多数与梦境相关的经历，要记住的一点是，任何身体上的感觉都会立刻转化为生动的画面。这就是做梦的工作原理：它会接收到一些生理上的刺激，比如想咳嗽，或者头痛，然后把它翻译成"有人想让我窒息"，或者"我头上有一个紧绷的金属带"。我们在身体里也有恐惧，所以当做梦的大脑记录下呼吸不畅和胃部肌肉"打结"时，这些都会被梦转化成生动的幻觉，比如一头蹲在我们胸上的怪物。

在睡眠麻痹中，这些幻觉是超级逼真的，但它们在客观意义上并不是真实的：没有入侵者在我们的脸上呼吸，没有鬼魂试图在睡眠中勒死我们，没有妖怪来吸我们的精气。我们所需要做的就是冷静下来，提醒自己，我们正处于睡眠麻痹期，我们会从这次经历中安全地醒来。

在睡眠麻痹中，你可能会有一种出体体验（out-of-body experience），觉得自己从肉身中飘出或者弹射出来。可以理解的是，一开始这可能会让人感到害怕。不过，我们每个晚上都"离开我们的身体"，从现实的身体过渡到梦境里的身体，只是我们通常不会注意到这个转变，所以，其实我们没有理由害怕这样的"离开身体"的经历。事实上，这种经历为疗愈或灵性体验提供了绝佳的机会。你也可能陷入过许多人所说的"黑暗虚空"中，那是一种让人感到无限黑暗的梦境空间。同样地，一开始你可能会觉得这种经历很奇怪，但是一旦你对这个状态有了更多的了解，你就会感到非常非常安全，并把它当作一个冥想的、治疗的空间。

奇妙的是，我们可以利用睡眠麻痹作为一个平台来进入清醒梦。一旦我们平静下来，我们就能把清醒的意识带到一个快乐的梦境中。在这里，观想的能力很重要：你可以想象一个吊床在沙滩上的两棵棕榈树之间摇摆，然后一步将自己带入那个场景。或者你可以回忆一些疗愈性的梦境意象，把它们吸入你的身体。

是的，当你陷入睡眠麻痹时，你甚至可以做清醒梦游戏。这是一个使用疗愈意象的非常有益的时间，因为它可以让你从一种非常不愉快的经历中解脱，并直接引导你进入一个清醒梦。

练习 36：

如何把可怕的睡眠麻痹变成清醒梦

如果你在睡眠麻痹中有超真实的、毛骨悚然的感觉，记住梦的黄金法则：梦中的场景会直接回应你的思想和情感。如果你害怕，他们会变得更可怕；如果你很放松，梦境也会平静下来。

不要挣扎和对抗麻痹，这很少有任何有用的效果，只会增加你的恐慌。

在睡眠麻痹中，有三样东西我们可以控制：我们的呼吸、我们的眼球运动以及我们的精神态度。学会平静下来，深呼吸，有意识地放松，并提醒自己："我在这段经历中是安全的，我必会在我的床上安然醒来。"一旦你感觉平静了，你可以从下面几个动作中选择一个，或者试着把它们组合起来。

1. 平静地呼吸，想象你周围有一圈白色的光，并允许这个"光盾"来保护你。

2. 散播爱与光：使用第八章中的爱和光练习，观察梦境意象或不愉快的感觉，将它们变得更好。

3. 想象一个美妙的场景，比如你在一条木船上，顺着一条蓝色的河漂流，或者欣赏着山顶上的风景。注意力集中在那上面，直到你能真正看到场景，然后把它变成三维的，一步（或飞着）进入它。祝贺你，你创造了你自己的清醒梦，尽情享受吧！

4. 使用第四章结尾的带着疗愈呼吸的练习，把你强有力的梦境治愈意象吸入自己的身体。将注意力集中在这些意象上，让它变得更大，直到它占据你的整个视野。当你保持清醒的意识时，允许它在你周围凝固。

5. 或者，你可以在睡眠麻痹时保持不害怕、不作为。这往往会导致你陷入清醒的黑暗虚空中，一个虚无和一切都不存在的空间，在那里你可以放松，享受无形无尽的梦境空间。乍一看，这是一种后天习得的技能，但它可以成为通往深远精神体验的大门。第十章探讨了这些经历。

在我 20 岁出头的时候，我几乎每晚都有睡眠麻痹以及飘浮在无尽空间的"黑暗虚空"梦境。一开始这种经历让我感到迷失和恐惧，因为我不知道会发生什么。我付出了巨大的努力才得以克服迷失和恐惧感。

我训练自己放松，慢慢地深呼吸，让我的情绪和思想平静下来。这些经历还在继续，但现在我感到好奇而不是恐惧，我开始注意到，黑暗不仅仅是黑色，它里面有光，像星星一样的发光点，还有些深颜色的区域，或者是一扫而过的光线。我意识到这是一个令人着迷的地方。最近有一次，我在黑暗虚空中坠落，当我在梦境空间里越落越深时，我注意到时不时地有水平的光条纹出现，明亮的光带在黑暗中穿过。

所有的黑暗里面都有光，保持耐心和无畏，你会找到它的。

梦境与健康

第四部分

Part 4

DREAM

THERAPY

第八章

疾病与痛苦：如何用梦境帮助身体保持健康

想象一下，有这么一个远古时代，世界上遍布梦之神庙。生病的人会从四面八方来到这些神庙寻求梦的智慧。在希腊著名的阿斯克勒庇俄斯神庙的仪式环境中，人们会通过孕育疗愈梦的方法来了解如何缓解自己的疾病。大约公元前460—公元前380年，现代医学之父希波克拉底，指出了梦的治疗力量与孕育梦的重要性。亚里士多德认为，医生可以通过倾听人们的梦来诊断疾病，因为梦反映了身体的健康状况。

今天，精神分析学家、心理学家和梦境研究人员都认识到了梦与身体的健康是相关的，梦会通过一些方式和我们交流身体的健康情况。涉及疾病和痛苦的梦很容易理解。一名妇女在子宫切除术后，梦见自己被残忍地强奸，这反映了手术的粗暴和痛苦。另一位妇女梦到她看见了她头部的X光片，精确地定位了她大脑里的肿瘤位置。她反应迅速，去医院检查，发现肿瘤就在那个地方，并且成功得到了治疗。

没有哪部分是分隔独立的，我们的身体展示了系统之间巧妙的相互联系。就像梦可以与我们沟通身体的健康状况，大脑也可以向我们的身体发送影响健康的强有力的信息。心理神经免疫学（PNI）是研究精神和心理过程对健康影响的医学分支，研究表明，大脑、神经系统和免疫系统是相互影响的。一个人的心理状态影响他对疾病的易感性以及他对疾病的抵抗力。抑郁的人更容易生病，因为情绪低落会影响他们的免疫系统。当我们有更好的整体心理状态时，我们会更健康。

奥地利睡眠障碍专家欧内斯特·哈特曼（Ernest Hartmann）和蒙特利尔梦与噩梦实验室的托雷·尼尔森（Tore Nielson）等国际知名的梦境研究人员认为，梦对良好的精神和情绪健康以及神经生理功能的优化至关重要。梦和身体是密不可分的。当我们以治疗的方式处理梦境时，我们会逐渐变得更快乐，感觉更完整，身体也将变得更强壮。做梦是有益于身体健康的！

在本章的前半部分，我们将看到梦是如何预警身体疾病的，以及我们该如何从梦中获得更多有关自身健康的信息。在后半部分，我们将探索梦境疗愈的方法，以帮助我们更好地做梦。

梦境可以预警疾病

在 2015 年的研究《乳腺癌诊断前的预警梦：最重要特征调查》中，拉里·伯克（Larry Burk）博士指出，在这一类预警梦中，94% 的梦具有紧迫感，并且人们能强烈地感觉这是一个重要的梦。

83%的梦比平时更真实、更紧张，72%的梦有威胁感或让人恐惧，44%的梦含有"癌症"或"肿瘤"一词，39%的梦存在与梦中乳房的身体接触。有时梦可能是非常具体和明确的，但是通常是通过象征性的语言来表达。梦与身体有密切的联系，它或许可以提供关于疾病的非常具体的信息。让我们看一下伯克博士搜集的三个预警梦，看看梦是如何向我们讲述身体中的疾病的。

戴安娜是一位心脏生理学家，她梦见一位女外科医生给她做乳腺癌切除手术。于是她去医院做了乳房 X 光检查，X 光片里没有发现什么异常，医生不愿意进一步做超声波检查。戴安娜向医生指出了她在梦中所看到的乳腺癌的确切位置，并且对医生说，你要是不做超声波检查我就不走。医生于是给她做了超声波检查，竟然发现了一个小的癌症肿瘤，医生脸色发白，问她："你怎么知道的？"她回答说："我梦见了它。"不久，她的梦果然成真了——她的乳腺肿瘤被一位女外科医生切除。

凯特·奥基夫－卡纳佛斯发现她的梦会像电脑屏幕一样冻结。一个梦中向导把凯特的手放在她的右胸上，告诉她："你这里可能有癌症肿瘤，感觉到了吗？明天去看医生吧。"她照做了，于是她的肿瘤被发现并得到了治疗。十年过去了，凯特依然健康地活着。当梦以不寻常的方式展现，如中途停止或被梦中人物打断，这可能表明有重要的潜意识信息正被推向做梦者。

旺达·伯奇梦见她死去的父亲对她喊道："你的身体里可能有癌症！"但医生没发现任何癌症，直到旺达在她的左乳房下面指了一个点，告诉他在那里插入活检针，恶性肿瘤才被医生找到。她之所以知道癌症在哪里，可能是因为她做了第二个后续的梦，在那个梦里发现了残骸或肿瘤，隐藏在一个窗台下。手术切片显示，旺达得了一种极具侵略性的、快速转移的癌症，癌细胞并没有聚集在一起，使其能够在乳房 X 光片上看到。旺达的梦展示了亲人（在世的或去世的）是如何出现并提出建议或警告的，以及梦是如何以系列的形式出现，每一个梦会提供更多关于疾病的信息。

梦怎么会知道我们体内有一个微小的癌性肿瘤？潜意识可能会察觉到身体某一特定部位出现异常的微妙生理信号，而梦会自动将这些信号转换成信息或象征意象。当我们关注梦境时，也许能够及时发现这些早期的健康状况信息，以预防严重疾病甚至死亡。看来，记录梦境这个简单的行为有一天可能会拯救我们的生命。这又是一个坚持写梦境日记的动力！

向梦询问你的健康状况

我们总是可以通过孕育一个梦，来了解更多自身的健康情况。2016 年，美国塞布鲁克大学（Saybrook University）的巴斯卡尔·班纳吉（Bhaskar Banerji）在他的博士论文中，讨论了夜间梦和慢性病之间的联系。研究中的参与者每隔一晚都会听一段录音，来做一个关于他们健康状况的处方梦。一位 60 多岁的妇女患有慢性肝痛，她做了一个梦，梦见一位医生出现了，并建议她停止服用控制过敏反应的抗组胺药物。她按照梦给的处方做，几周后，她的肝痛消失了。通过孕育一个治愈梦，我们可以从我们的梦中得到具体的健康建议。然而，最好的办法是把梦启发的健康指导看作常规医疗护理的补充，而不是替代它，所以在改变任何药物之前，请务必咨询你的医生。

另一个班纳吉研究的参与者，患有高血压，梦中的一位医学人士告诉她，她有脱水症状，需要喝更多的水。她也做过许多关于土豆的梦，她梦见自己吃土豆、销售土豆，甚至将土豆输入数据库。于是她调整了自己的饮食，增加更多的水和更多的土豆，结果她的血压现在几乎正常了，她可以不依靠药物来控制病情。

除了班纳吉的研究，我在一次国际梦研究学会梦学会议上遇到了一个女人斯维特拉娜，她做了一个梦，这个梦向她展示了她最大的健康问题是什么。

下面就是她的这个梦，谜一般的清醒梦。

斯维特拉娜的梦：外星人

梦中清醒时，我发现自己在一个灰色地带，那里沉重而阴郁……然后，我的胃里出现了一个有生命的东西！就像外星人电影里的外星人一样从我身体里跳出来。它看起来像一个恶魔，但它是我的一部分。它是灰色的、可怕的、恐怖的。它从我身体里跳出来，扭来扭去，然后跳到我的脸上。我很害怕然后醒来。

当我醒来的时候，一种恐惧、危险和绝望的感觉一直伴随着我。与这个梦有关的一切都令人不快，令人担忧。我怎么会看到那个东西？这是对我最大的健康问题的回答吗？早上，我突然想到，这是我的免疫系统紊乱失调的一种表现。失调的地方就位于肠胃消化道。

这个梦并没有消失，一直困扰着我。我没有告诉任何人。在国际梦研究学会会议上，克莱尔给了我们一个任务：通过允许意象自发地转化为疗愈，或者通过发送金色的光，把噩梦变成疗愈的梦。

我一直在做着我那可怕的梦。一开始我不知道该怎么办。我应该扔掉它吗？驱逐恶魔？净化我自己的存在？我首先想到的是把它当成癌变提取出来。但问题是：既然它是我的一部分，我就不能把它拿出来扔掉。我拒绝了"净化"之路。

我开始获取金色的宇宙疗愈能量并把它发送给外星人。当我给它注入金色能量时，它开始从灰色变成金色。我逐渐把外星人变成了一个光球，它就在我的胸腔下方。充满金色能量的能量球成了我的能量中心，一个给我全身以能量的电池。我认为肠胃是第二个大脑。我觉得从我肠胃里蹦出来的外星人是我的免疫系统紊乱的大脑。它出现的位置，以及它吓我的力量，不正暗示了这一点吗？我现在已经处理好它了，一种温暖的感觉在我的肠胃徘徊。现在它变成了能量和快乐的源泉。

在这段令人振奋的经历之后，我想："我需要重复这个治疗过程吗？"此时，我觉得没有必要这样做。

这个梦尤其令人不安，因为它是一个清醒梦。我以前从来没有在清醒梦中做过噩梦。对我来说，破解这个梦是整个会议中最重要的一件事！

当我们向梦询问健康问题时，我们需要准备面对一个诚实的答案，它可能会让我们感到震惊和恐惧。清醒梦游戏的美妙之处在于，即使是最不健康的梦境意象也可以转化为治愈的梦。当斯维特拉娜用治愈的金光填满她的外星人时，她不仅直观地理解了它与风湿性关节炎的联系；她还把它转变成了积极的东西，并创造了一种能量和快乐的来源，只要她需要，她就可以利用它。但是，我们如何分辨出一个梦境形象是与我们的健康具体相关的呢？让我们来看看如何在梦中发现健康隐喻。

练习 37：
如何识别梦中的健康隐喻

1. 梦是极具象征意义的，但有时它也会给我们非常直接的信息，比如少喝酒、做个按摩、戒烟、动一动！能够识别梦境中的健康隐喻是非常有用的，关键是要与你的梦境日记紧密合作。梦可能是在评论你的精神状态或你的身体状态，或者两者兼而有之。你在梦境日记上下的功夫越多，就越容易发现哪个梦里有不健康的意象，或者哪个梦在传达有关健康的信息。你将开始在梦中看到模式和主题。梦常常以一种顺序出现，每个梦都接着上个梦更进一步地阐明。颜色代码梦或者数字梦似乎常和特定的主题联系在一起，要密切关注它们的后续发展。

2. 浏览自己的梦境日记，特别标记出那些对身体部位、车辆或建筑物的引用。房子和其他建筑可以在梦中代表身体，所以要注意它们的状况：它们是破旧的还是处于最佳状态？地基是否牢固？汽车和其他交通工具也可以象征我们的身体，因为身体就好比是我们在人间穿梭所驾驶的"交通工具"。注意车辆的运作情况：车辆是出了事故，还是一切顺利呢？如果刹车失灵，可能是隐喻你需要放慢生活节奏。

3. 突出那些看起来特别强烈、消极或不寻常的情绪，并观察它们是否会在其他梦境中再次出现。

4. 在涉及伤口、战争、攻击或不愉快的梦境意象旁边打一个星号，如伤残动物、破碎的物体或设备、脏水，或诸如燃烧、窒息、疼痛等感觉。攻击或战争的场景可能反映了你的情绪状态，但它们也可能指向身体内部的某种战斗，对疾病的战斗。许多人在手术前或手术后都会梦见受伤的动物或破坏的场景。脏水或水管破裂的场景则可能象征着肾脏和膀胱有问题。

5. 记下你梦中的人的任何直接建议，不管它看起来有多神秘。现在结合自身的健康情况回头看看那些建议，它们是不是更有意义了。后续的梦还很可能会让它更清楚易懂。

6.如果某个梦看起来很重要，但你无法理解，那就再做一个澄清性的梦：简单地把你想问的问题写在你的梦境日记里，在你要睡着的时候在心里重复它。记住，并不是所有的噩梦都能预测疾病！许多噩梦只是反映了你的情绪状态。与其恐慌，不如运用清醒梦游戏来发现更多。

让我们来看看清醒梦和各种清醒梦游戏技巧是如何帮助我们改善健康的。

将梦境疗愈作为一种治疗工具

积极的心理意象对治疗有很大的帮助，有报告总结了 50 篇关于心理意象在治疗过程中的有效性的科学文章，报告指出，85% 的案例使用了心理技术，包括专注于心理意象的病人，有更强的疼痛管理能力。

梦是一种非常生动的心理意象。当我们将梦中的疗愈意象整合到治疗过程中，就像本书中所展示的那样，我们将更容易解决疼痛问题以及快速康复。我们个人的梦境意象是一个特别有效的心理工具，当我们与梦境意象产生情感共鸣时，梦境意象将会是一个特别有效的帮助治疗的心理工具。但是如果我们的梦境充满了不健康的意象，我们该怎么办呢？很简单，我们可以使用下面的爱与光转化技术。这种方法既可以用在梦里，也可以用在醒后。

练习 38：
爱与光转化技术

有些梦境意象可以被认定为"不健康的"，比如会触发诸如厌恶、慌张或恐惧等情绪，或者具有腐朽、攻击、创伤或疾病等元素的梦境意象。如果你曾在梦中面对不健康的意象，比如"有毒液体从山坡上流下来，毁掉它所接触到的一切"或"一只生病的老鼠跑进了我的房子"，你可以通过在心中创造一种爱的感觉，并把爱送到任何让你烦恼的地方，来改变这些不健康意象。这是一个非常有益的练习，在你有机会的时候，在日常生活中练习它会是极好的。这个练习也可以用来帮助你治愈身体上的疾病：按照1—3的步骤召唤爱，并将这种爱引导到你身体正在受苦的部分。

1. 深吸一口气，唤起爱的感觉。如果这很难做到，想想你爱的人——你的孩子，你的小侄子，你的狗。

2. 把注意力集中在这种温暖、膨胀的爱的感觉上，想象它从你的心脏中心放射出来，观想它发光。你练习得越多，当你在一个噩梦中面对一些不愉快的事情时，你就越容易产生爱。当你的反应建立起来后，你会发现自己会在梦境中自动发送爱，即使不是清醒梦。

3. 发送爱。想象你那光芒四射的爱，向外延伸到任何对你来说是有害的、消极的或令人沮丧的人或物。如同一股光流包裹着它们，你的内心深深地知道，这股爱的光流必将改变它们。

4. 梦境意象对做梦者的情绪和期望有高度的敏感性，所以如果你在梦中感到害怕，那么梦境意象可能会变得更加可怕。如果你专注于保持冷静与创造一种积极的情绪，比如和平、爱、治愈或同情，你就更有可能抚平这些意象，并理解其信息。

这样通常会导致意象发生自发的积极的转换。从山上流下来的毒液可能会变成一朵朵盛开的鲜花，在它们的身后留下一片生机勃勃的草地。生病的老鼠痊愈了，跑到花园里去玩耍。改变内心电影的意象可以帮助你解决冲突，并让你看到积极的改变的可能性，所以是有利于心理健康的。但只有当这种变化是自然的且自发的，并且你完全将它作为一种情感事件来感受时，它才是最强有力的。

5. 当你在梦中清醒时，你也可以直接问意象："你有话对我说吗？"或者："我需要知道什么？"

6. 在做了令人不安或痛苦的梦之后，你可以通过做清醒梦游戏创造一些治愈的东西。闭上眼睛，平静地呼吸，召唤不健康的梦境意象，给它送去爱或治愈的金色光芒，观察它的转化。

当练习召唤爱的时候，我们会发现即使在非清醒梦中潜意识也会自动这样做，就像形成了一种条件反射。当我们在梦中变得清醒时，我们可以简单地提醒自己向梦中的侵略者或任何负面意象发送爱。爱和光的技巧不仅对不健康的梦境意象和噩梦有用，也是可以

运用在现实生活中的一个宝贵技巧，可以帮助我们冷静和慈悲地对待恶化的人和事。下次你的老板严厉地对你说话，或者你的配偶把你逼疯的时候，试着这样做，召唤你心中的爱并传递给他们！看看会有什么效果。

我们可以通过梦境获得高度个人化的治愈意象，这有助于缓解身体疼痛。在清醒梦中，我们可以与治愈意象直接发生接触，可以利用这点帮助我们治疗。除了接受医疗建议和常规治疗，为什么不利用我们的内在资源来治愈自己呢？所有人每天晚上都要做梦，这意味着我们每晚都有机会疗愈身体。下面的练习也可以在醒着的状态下进行，像清醒梦游戏一样。只要你闭上眼睛，用所有的感官来召唤梦境，然后让你的想象和潜意识完成剩下的一切吧！

练习 39：
清醒梦治愈身体疾病与疼痛

当你在梦中变得清醒时，把治愈能量传送到你身体需要的地方。治愈能量可以是你手中的一束光，或者你可以简单地把你的手放在你的身体上传送能量。自我肯定有助于集中你的治疗意图："我的身体非常健康。"或者更具体地说："我的膝关节很灵活，没有疼痛。"

◎ 问问梦境："为什么我会得这种病？它传递了什么信息吗？"或者问："我该怎么做才能让自己摆脱痛苦？"不管发生什么，都要保持开放的心态，如果什么都没发生，那就重新组织语言，再问一遍。

◎ 召唤你生命中的治愈者：医生、治疗师、热心的朋友，或者已经去世的祖先。让他们帮你治疗。

◎ 在梦中创造一个治愈的环境，例如一个疗愈温泉。让自己沉浸其中，感受它治愈你皮肤的每一个毛孔、每一根神经、每一个细胞。

◎ 在清醒梦中要灵活。在请求疗愈之后，允许梦境在不受控制的情况下展开。这样，你就会对自己的健康状况有更多的了解，你的潜意识就会自由地想出最有创意的治疗方案。

自发的治愈梦境

有时，治愈性的梦会自发地出现，以帮助我们应对特定的健康状况。希拉·阿萨托是一位屡获殊荣的艺术家，也是猴桥艺术剧团的导演，她多年来一直饱受慢性疼痛的折磨。她患有严重的子宫内膜异位症，医生建议她做全子宫切除手术。她没有听从，相反，她选择了一种综合治疗方法，包括与按摩师合作进行治疗。然后她做了下面的这个治愈梦。这个梦第一次出现是在 2015 年我为国际梦研究学会的《梦之时光》杂志采访希拉的时候。

希拉·阿萨托的梦：治愈之舞

天很黑，一盏小灯照射在舞台的左上角。我就在那里，穿着一件美丽纤细的白色芭蕾舞裙。我的按摩治疗师就在我身边，除了手，他全身都是黑色的，脸也被遮住了。起初，我静止得像一个木偶。他的手慢慢地使我活跃起来，变得生动。最后帽兜掉到一边，他的脸露出来了。他带我慢慢地完成了一系列芭蕾伸展动作，这是我在现实生活中不可能独自完成的事情。他非常温柔地把我举到空中。我张开了双臂，感觉自己好像在飞翔。这感觉太美妙了。我开始相信我真的可以飞，飞得越来越高……

我的治疗师亲切地把他的手和脸颊贴在我的肚子上。他通过舞蹈在我体内植入了治愈的种子，新的生命在我体内萌动。在我的体内孕育着治愈能量，我感到很惊讶。现在我可以自由地进入这个世界，开始我自己的疗愈，这也将使其他人受益。我对此充满了敬畏和惊奇。

我离开了舞台，做好了重归生活的准备。

在做了这个梦之后，持续多年的疼痛终于第一次缓解了。我也终于有足够的力量开始探索身体的运动。由于长期饱受慢性疼痛的折磨，对我来说这是一个巨大的挑战。这意味着我要以一种全新的方式审视我的身体。我需要培养力量、灵活性和优雅来对付疼痛。

我决定是时候在现实生活中尝试跳舞了。

这太可怕了！第一次踏入舞池需要极大的勇气。在那些早期课程中，我的整个身体都在颤抖。现在我每天至少跳两个小时的舞，每周上一节私人课。

现在，我无法想象没有跳舞的日子！通过舞蹈，我学会了如何在与他人的伙伴关系中继续探索和保持我的梦想，这种方式极大地增强了我的艺术、教学和疗愈。我很想知道这支新舞蹈会把我带向何方。

希拉梦中的对比是惊人的。随着舞蹈的释放，她从"我静止得像一个木偶"的束缚能量中走了出来，同时明白了："我确实可以飞翔……我可以自由地飞向世界，产出我自己的疗愈能量。"这个梦展示了一个非凡的转变，从根本上改变她与自己身体的关系，改变了做梦者的生活。

希拉的治愈之梦是一个很好的例子，说明了对那些遭受慢性疼痛和疾病的人来说，身体工作是多么重要。我们可以学会改变自己与身体的关系。当我们移动自己的身体时，我们会释放被束缚的能量，并能学习如何利用我们的内在能量进行疗愈。人们有时会在身体工作中遇到巨大的阻力，特别是当移动身体感觉困难或痛苦的时候，但当我们把温和的运动与工作活力和自己的梦境治愈意象结合到一起时，痛苦就很有可能会减轻，所以这值得一试！如果你因疼痛或疾病而无法活动，无法移动自己的身体，你仍然可以通过按摩、穴位按压法和类似的身体工作获益，通过这些方法，自然健康的医生可以促进你身体内能量的流动。你可以通过专注于自己强大的梦境治愈意象，并想象它渗透和改变你的疼痛或疾病，来积极地参与这些疗程。

选择一个你想要与之合作的梦境疗愈意象，并尝试通过治疗能量球运动把治愈能量带入你的身体。如果你病得很重，不能揉搓双手，那就把整个练习当作一次观想，想象你自己执行每一个动作，并接受疗愈能量。心理意象是一种强有力的治疗工具。

练习40：
治疗能量球

1. 站直，双脚稍微分开，双臂放松，放在身体两侧，手掌张开。闭上眼睛，感受一下天空与大地的联系：你的头在天空中，脚在大地上。慢慢地吸气和呼气。

2. 保持眼睛闭着，开始尽快揉搓你的双手，这样你的手掌就会变暖。感受热量和摩擦力的积聚。

3. 停下来，把你的手掌稍微分开，中间只留几毫米的距离。你能感觉到你手掌之间的空间吗？那应该是麻刺感和活力感。如果你感觉不到任何东西，重新开始用力快速地搓手。

4. 一旦你感觉到了掌心之间的热麻刺感，就要增加掌心之间的距离，在手掌向外伸展时，保持专注于它们之间的空间。

5. 用松手的方法创造一个球的形状，这就是你的能量球。想象你的能量球有一种颜色，或者在发光。感受它是多么灵活和有弹性——它可以毫不费力地生长或收缩。玩能量球的时候，身体可以向左或向右倾斜，或者增加双手之间的距离。慢慢地把球举到空中。

6. 想象你的梦境疗愈意象像球里的一个光点一样出现，并成长为一个清晰的、治愈的存在。如果你没有一个喜欢的特定疗愈意象，就想象治愈的金色光。能量球的颜色或形状可能会随着梦境疗愈意象的填充而改变，你可以任其发展。一些人的能量球将会像他们张开的手臂一样大，而另一些人的能量则会像苹果一样小。只要你能感觉到球，它的大小并不重要。

7. 在头顶上平衡你的治疗能量球，慢慢地将你的手掌靠近头部，直到接触到能量球。让你的能量球融入你的身体。

8. 在不中断与身体接触的情况下，将你温暖、充满能量的手放到身体需要的地方——你的臀部、膝盖、腹部和眼睛。想象治愈的能量流到需要它的地方，缓解疼痛，创造和谐。

9. 深吸一口气，睁开眼睛，微笑，你知道你已经为你的身体做了一些好事。

下面的练习非常轻松，可以在晚上睡觉时练习。它有助于重新连接你最美丽最疗愈的梦境意象，它能在夜间每晚提醒你继续梦境疗愈，使你继续享受它的好处。

练习 41：

漂浮在疗愈池中

1.舒服地躺下，闭上眼睛。深呼吸，让自己进入一种接近睡眠的状态。

2.观想自己漂浮在充满无限爱的亮光中。光可以是任何颜色——也许是你最喜欢的颜色。感觉沉浸在这种光的疗愈池中是多么神奇。

3.内心知道，在你最深的自我，灵魂深处，你被难以置信地爱着。

4.把你最美丽的或治愈的梦境意象带入这个充满爱的光池中。这些梦境意象反映了你最好的自我。让它们提高你的幸福感。

5.不要打破你的深度放松，用一个小小的手势来锁定这种绝对幸福的感觉。你可以轻触拇指和食指，或者用牙齿轻轻压舌头。无论何时，只要你想要，通过重复这些手势都可以让你轻松获得这种治愈的能量。

6.你可以从这个观想中直接进入睡眠，也可以醒来：深呼吸，睁开眼睛，微笑。

第九章

悲痛与丧失的疗愈之梦

━━━━━

　　严格说来，从出生的那一刻起，我们都"面临着死亡"。我们生命中唯一能确定的就是，终有一天，我们都会死去。然而，在现代西方文化中，我们都在回避这个事实，同时害怕着死亡。梦境可以帮助将死之人面对死亡，可以帮助他们所爱之人面对他们的死亡，可以帮助丧失至亲至爱的人处理挚爱离去的事实。

　　梦可以为临终往生提供帮助和洞见。莫妮克·塞甘（Monique Séguin）博士是一位自杀预防和丧亲关怀方面的专家，同时在加拿大的西爱尔兰临终关怀医疗中心担任一名临终关怀护士。她发现，梦可以作为一种临终关怀的医学手段，因为它们能让做梦者意识到自己在往生过程中所处的位置。

　　她的一个病人，一个 90 岁的男人，梦见自己和两只乌鸦站在海滩上。其中一只乌鸦试图让他往前走，另一只则坚持要他留在原地。这个梦显示，他的一部分已经准备好死亡，然而另一部分还在留恋人间。虽然这个病人经常说："我老了，是时候走了。"这个梦却反映出他内在的冲突和面对死亡的矛盾心理。

　　当临终者的梦境被倾听，临终者被鼓励诉说他们的梦境，或做简单的梦境交流时，临终者和他的关怀者或者家庭成员之间会建立起一种真实的连接，死亡也会变得更容易面对。

临终之梦和临终幻觉是很常见的现象，倾听和支持临终者是很重要的。当临终者将自己的这些梦与他的家人分享时，这些梦可以以治愈的方式帮助家庭团结起来，面对死亡。

2016 年《纽约时报》有一篇叫《看待临终之梦的新视角》的文章，其中讨论了神经生物学家科尔博士的研究。科尔博士认为，临终之梦具有一定的疗愈功能，不仅能帮助临终者，也能帮助他们的家人。

一位垂死的妇女做了噩梦，梦里她又经历了年轻的时候遭受过性虐待的记忆。

这吓坏了她的家人，医生给她服用了抗焦虑药物，她最终在牧师那里得到了疗愈，在睡眠中安详死去。科尔博士认为，倾听病人的梦境可以帮助医生做出正确的选择，以帮助病人获得一个"好的死亡"。他也警告说，反对给病人过多的镇静剂："通常，镇静剂会造成临终者失去所有意识。"科尔博士说："他们会说：'你剥夺了我的权利，我正与我的妻子在一起。'"

临终之梦能够帮助医生引导他的病人获得"好的死亡"。

在本章中，我们将会看见那些面临死亡之人的梦境，并学习如何与临终者一起做梦境工作。然后我们会探究悲痛的过程，看看梦境疗愈是如何帮助那些做积极的和消极的丧亲之梦的人。

临终者的疗愈之梦

对那些面临死亡的人来说，疗愈之梦可能听起来是个悖论。既然是即将死去，又怎么能疗愈呢？但事实上，面对死亡的人往往比以往任何时候都更容易疗愈过去的裂痕，面对艰难的事实。梦境可以帮助临终者接受自己的死亡。一位女士死前做了一系列清醒梦，在梦里她感受到了没有形体地悬浮在光中的极致的灵性体验。这些梦帮助她接受了死亡不仅不是"一切的结束"，它还是一次灵性转化，无须害怕。

临终者的梦常常会出现地点转换和已故的亲人，比如父母或者配偶，他们似乎在等他，有时甚至催促他快点与他们团聚。临终者常常在有自己已逝亲人的梦境中找到安慰。有时候，梦里的房子代表着临终者垂死的身体。《不可缺少的做梦》一书的作者，艺术家法瑞巴·伯格扎然（Fariba Bogzaran）博士与我分享了她在面对死亡时曾做过的清醒梦。内容可在 2014 年秋季的《梦之时光》杂志中的《令人惊奇的做梦家》专栏中完整查到。

法瑞巴的梦境：在死亡的边缘

当我做这个梦时，我正在与致命的健康状况做斗争。我体重掉了 20 磅，而且在不停地掉，同时有着很多不妙的症状。我在为不可避免的结局做准备。在寻求医疗和其他帮助的同时，我也在结束我的生命篇章，做好离开的准备。

我会几小时几小时地沉浸在大自然中，漂浮在大海上，尽我最大的可能体验剩余的日子。我买了几张画布来画画。我给画布的上面和下面都镶了流苏。我身体状况太差了，以至于我能做的只是给画布的两边镶流苏，其他的地方都是空白。

法瑞巴的梦

我穿过一座正在倒塌的大厦。墙上的灰泥都剥落了，窗户都碎了，地板也不平整。这栋房子有许多层。通过一层的楼梯，我看到了一个通往另一个世界的入口。那个世界美丽而宽敞。整个梦里我是独自一人的，直到我走进一个房间，发现有四个女人坐在椅子上，围成一圈，面对面坐着。她们在给一个没有处理过的原始画布"镶流苏"。

气氛非常安宁和静默。那些女人就像是隐居的修女。有个声音在说，这是一种冥想方式。在屋子中间有一张桌子，桌子上堆满了画布上的线。随着时间缓慢流动，我发现了自己在做梦。我试图记住那种感觉。我站在那儿，看着她们面对房屋倒塌时泰然自若的神情。

这个梦显然是我垂死的身体的反映。在我的这个梦中，年长妇女（她曾出现在我其他梦中）的忠告，是在教我死亡或治愈的方法。我会死还是会痊愈？我都已经准备好了。

在上面的梦之后，我开始把给画布镶流苏作为一种冥想的方式。我会非常注意每一根线，并思考我的生活是如何"挂在一根线上"的。在某一时刻，这种方式开始把我带进一个特定状态。我觉得我的动作可以达到完全的专注。我觉得这是一种疗愈，我把这种疗愈归功于梦中那位智慧的年长妇女的方法。

在一种危及生命的疾病中，法瑞巴的清醒梦给了她一项实用的方法，使她能够变得沉思和专注，以便让疗愈发生。她听从了梦的建议，她没有死。相反，她治愈了，同时创造了一种新的艺术形式，用空白的、带着流苏的画布装饰她的家。

痛苦的生命尽头之梦

临终之梦有时来得太迟，无法帮助到做梦者。有一位临终关怀中心的病人，他与他的孩子们关系不佳，他梦到他手里有一颗钻石，他想把它送给别人，但没人想要它。在这个梦之后，他变得异常烦躁不安，当晚就死了。

看到这个案例，我认为这是我听到的最悲伤的梦之一。试想一下，在漫长一生的尽头，得到的却是焦虑不安和拒绝，这是一种怎样的感受！多么浪费！

我们在这个星球上待的时间太短了，就像照亮天空又转瞬即逝的烟火。我们如何处理时间，如何生活，如何与人相处，如何帮助他人，这些都是很重要的事情。这个男人发现他想分享他手中的珍宝时，已经太晚了，没有人愿意接受他的好意。带着未完成的事和后悔离开人世，多么不幸！如果他能处理一下他这个梦，哪怕只是简单地想象一下他的孩子（或者其他人——任何人）上前接受他手中珍宝的场景，也许他就可以内心更平静地离世了。

练习 42：
如何与临终者一起面对他的梦境

1. 仔细倾听。倾听本身就有着不可思议的疗愈作用。

2. 不要评判或者急于解释梦境。梦境属于做梦者。对做梦者来说，也许仅仅是分享他们的梦境就足够了。如果他们需要帮助的话，你可以通过第二章提供的方法，帮助做梦者解梦。

3. 如果这个梦明显让临终者感到不安，那就问他们："如果你能把你的梦变成更好的故事，会发生什么？"如果他们似乎被问住了，那就提醒他们，例如，他们可以在梦中得到帮助；把爱传给梦中的人，看看他们如何转变；给梦中的自己提供建议或安慰；改变梦境的结局，从而让他们对这个梦产生好的感觉。

4. 如果他们选择的这个梦境新故事有一种被迫或者空洞的感觉，那说明他们还没有找到合适的故事。只有当新的场景完全与他们产生共鸣时，才说明他们找到了适合的故事。

5. 一旦他们发现了一种让他们感觉良好的场景，建议他们生动地想象更美好场景的发生，在情绪的层面真正去感受。他们可以像他们喜欢的那样反复重复这一步骤，创造一部更快乐的内心电影。

6. 通过你的倾听，还有以上这些关于梦境的工作，临终者的精神会大大地振奋。与他们沟通梦境会形成一种很强的连接，能让他们在整个过程中感受到你的同情和支持。

临终者的状况可能会在极短的时间内发生巨大的变化。不论疗愈什么时候发生，即使是在死前几小时甚至是几分钟，都值得一试，因为它能帮助临终者更平静地走向死亡，并为其家人提供安慰。

临终之梦有时会让做梦者瞥见天堂，看见肉身的转化和死后的世界。"那里太辽阔了，是你无法想象的辽阔，"一个男人告诉他的妻子，"当祖母在床上即将去世的时候，她说：'死亡是美好的。'"祖母在去世前给了他最后一条建议："好好享受它吧。"

也许我们都应该感谢那些先我们而去的亲人，他们为我们的宝贵人生贡献了所有最好的东西。

死后也许有来生?

近年来，对濒死体验（NDE）的研究越来越多，也越来越科学。在濒死体验中，濒死者常常会描述这样的经历：穿越一条隧道，奔向一束明亮的白光，看见已逝的亲人，在被"送回"肉身之前体验到全部的爱、幸福和和平。

2014 年，世界上最大规模的濒死体验研究结果公布。这项由山姆·帕尔尼亚（Sam Parnia）博士主导的 AWARE 研究（复活期间意识研究），涉及了 2060 名病人。

该研究调查了那些被宣布为临床死亡并被救活的人的濒死体验统计数据。结果显示，死亡不是一时之间发生的，而且可能是可逆的。濒死体验研究的一个相关领域探索了临终幻觉和临终之梦。

在我们的文化中，人们对死亡有着极度的恐惧。然而死亡只是一种自然形式的转化。濒死体验的统计数据表明，死亡也许是一次快乐的释放，源头的回归。尊重临终之梦是件好事，对照亮最后一段旅程有很大的帮助。

我们所有的人，不仅仅是临终者，都能在梦中面对死亡和将死的恐惧。我认识的一个清醒梦者在梦里遇到了一个幽灵般的人物，就像恐怖电影里的东西。她被梦告知这个人物是她对死亡的恐惧。她清醒地把自己的恐惧变成了接受，当她这样做的那一刻，她就被一股力量拉起，进入了一束亮光。当她醒来时，她知道自己已经克服了对死亡的恐惧。

即使我们对死亡和将死没什么感觉，有不少人对自己的死亡或恐惧不以为意，但是当我们爱的人去世的时候，我们知道，我们一定会很痛苦很悲伤。让我们来看看悲痛的过程以及梦境疗愈是如何起帮助作用的。

梦境疗愈和悲痛的过程

我们会被困在悲痛中。梦能够帮助我们走出困境，得到疗愈。梦见已逝的爱人可以让我们与他们保持某种联系，从而缓解悲痛。与其沉浸在失去的伤痛中，我们不如开始领悟死亡是生命自然的一部分。我们应该相信，我们所爱的人在那边过得很好。梦境能在死者和想念他们的生者之间建立一种美好的、有疗愈性的连接。

每个人的悲痛程度是不同的，这取决于多种因素，如这次失去的严重程度，他们的人格类型，以及他们的生活哲学（包括他们的宗教信仰和他们对死后事件的信仰）。悲痛没有过期日，它是一个不断持续的过程，可以一直延续下去。梦境疗愈可以通过治愈性的方式来缓解这一过程，并帮助生者维持与死者的联系。缓解伤痛，以梦中游玩的形式来让做梦者感到舒适，也可以帮助做梦者和已逝的爱人保持一种情感上的连接。

悲痛的梦主要有两种类型：积极的和消极的。在积极的丧亲之梦中，逝者通常在梦中看起来年轻、快乐或身上发光，可以让人强烈地感应到他们挺好的。

逝者可能会给做梦者提建议，或者安慰做梦者一切都会好的，伴随着安慰的话语、相互的体谅和拥抱。

有时，逝者只是作为一种情感、一种光或温暖的感觉存在。在积极的梦境中，无须再做进一步的梦境干预。只要感觉对了，对梦境的疗愈意象和它带来的舒服感进行冥想就可以了。

记录梦境日记。在经历悲痛的整个过程中，一点一滴记录你的情感历程。在你的生活中，使用诸如"疗愈呼吸"这样的技巧来整合高度积极的梦境意象。

积极的丧亲之梦

即使是灵魂最暗的黑夜，也可以被梦点亮。丧亲之痛、失去、被遗弃和对死亡的恐惧都可以通过梦得到极大的安慰而减轻。诺瑞·克拉克（Laurel Clark）博士，密苏里州形而上学学院名誉院长，她在丈夫去世后的那一年，在国际梦研究学会上分享了她这个梦：

约翰在纽约，帮助那些在世贸中心遇难的人。他看上去很帅气，容光焕发，也很健康。我警觉地问他："他们还好吗？"当我这么问他的时候，他绽放出灿烂的笑容，整个人闪耀着我从未见过的光辉。

"是的，"他强调说，"他们很好。一旦他们出离了，就很好！"
我瞬间感到很兴奋。我明白他的意思，逝者已经离开了他们的肉体，
他们感觉很好。他们的灵魂自由自在了。

这个梦在很多方面改变了诺瑞的人生。在个人层面，她得到了
疗愈，因为她看到了她的丈夫很健康而且容光焕发。诺瑞还发现了
梦的疗愈性可以适用于全球范围。作为一名部长和顾问，很多人在
"9·11"之后寻求她的帮助。今天，诺瑞分享了她的梦，以帮助那
些失去亲人或面临死亡的人。"一旦我们离开身体，我们会很好！"
诺瑞说，这个梦使她从一个"信徒"变成了一个"知道者"，她知道
了生命不灭。

清醒梦者在梦中清醒后，可以召唤出已逝的亲人。所有的做梦
者都可以孕育出有逝者存在的疗愈梦境，帮助他们走出悲痛。

梦中这样的相遇，会带来安慰和快乐。当疗愈的梦作用于丧亲
之痛时，我们开始将逝去的亲人视为爱、安慰和智慧的持续源泉。

心理医生帕特里夏·加菲尔德和我分享了一个关于丧亲的梦
境，我将它完整发表在了 2014 年春季版的《梦之时光》杂志的专
题中。

帕特里夏和丈夫扎尔结婚 33 年后，扎尔去世了。

这个有强大疗愈力量的梦境，就发生在她的丈夫去世三年后，
那时的她还沉浸在失去丈夫的痛苦之中。

帕特里夏的梦：伟大的洗礼

一个睿智的女人说到硬币（生命的硬币？），我看见了它，很大，还有毛边。她说的大意是，正反两面是不可分割的，比如爱和痛苦：生命是完整的。所有这些话的重点是关于我的入会洗礼仪式的，正是那个睿智的女人将我带入了这个团体。

我准备好了参加这个特别的仪式。我赤身裸体地走进一个装满水的白色浴缸。浴缸被充满爱意的人包围着。当我躺在冒泡的水里时，那个女人说："准备好……"这时，她往浴缸里投入了紫色的粉末。紫色的粉末使整个浴缸发出嗡嗡嗡嘶嘶嘶的响声。我感到全身刺痛。我身体的每一部分都感到刺痛，紫色的粉末生成的泡沫在水中翻滚涌动，穿透我的骨头。当我经历这些的时候，我感受到了爱人们在我周围，感受到扎尔在关切地看着我——你在做什么？变形吗？这种感觉特别强烈。我本想在梦中闭着眼睛下沉，却在现实中睁开了眼睛。

自从扎尔去世后，我一直在接受缓解悲痛的治疗。我试图弄明白我该如何继续自己的生活，但是我的生活持续处于痛苦和撕裂中。在我的梦中，硬币通常意味着现实生活中的"改变"。这枚硬币是巨大的，预示着巨大的改变。那个伟大的洗礼梦对我的生活状态有深远的影响。我越来越能接受丈夫的离去。这个梦标志着我从绝望和痛苦中走出，转变为进行更积极的尝试，尝试找到一种新的生活方式，那个我爱的和爱我的人已经在物理上不存在了，我也能在这世间活下去。这确实是一个"巨大的改变"。

我感觉每一种精神都会在死亡之外继续存在。我觉得更有希望了。我不得不面对这样一个事实：巨大的爱和巨大的失去是不可分割地联系在一起的，而失去挚爱的痛苦正是体现它的价值的一种方式。难道我不想经历这样的爱吗？不。那么我就必须接受失去的代价。沉浸在"彻底的改变"的浴缸里，我不再感到孤独。

练习 #43：
孕育一个已逝爱人的梦境

经常有人哭着来咨询我，如何能在梦中与他们所爱的人相见。我们渴望在梦中再次看到和触摸我们所爱的人，渴望重温和他们在一起的感觉——无论多么短暂。

如果在梦境中没有看见他们，我们会特别痛苦。以下是一些孕育梦的小贴士：

◎ 在白天的时候，有空就可以练习这个一两分钟的简单的放松技巧，这可以使你的情绪平静下来。（有时人们在梦境中看见已逝的爱人，会非常激动，以至于马上就醒了，这会使他们很失望。）坐下来，闭上眼睛，慢慢地吸气和呼气。吸气时，吸入平静和冷静；呼气时，释放痛苦、悲伤或者其他强烈的情绪。呼气时尽可能地呼出所有的气，因为这会使你吸气时吸入更深、更新鲜的空气。当你在有着新鲜空气的室外散步的时候，这个呼吸练习会对你有更多的帮助，因为这可以让你与大自然和地球形成连接。

◎ 当你入睡的时候，在脑海中召唤出你爱的人的模样，然后对自己说："今晚我要在梦中见到你。"想到能再次见到他们了，你带着微笑。现在你躺在黑暗中，想象着梦会如何演绎你们的相见。如果你感到沮丧的话，就停止这个过程。当你想象着在梦中相会时，试着制造一种温和期待的感觉，然后平静地去睡觉。

◎ 有时候，悲痛的力量会自相矛盾地阻止我们梦见逝者。悲痛让人疲惫不堪。当我们筋疲力尽时，我们的身体需要深度的、恢复的睡眠，这种情况下做梦会很困难。如果这是你正面对的情况，那么运用第一章讲的"睡得好，梦得好"的技术，在孕育爱人之梦前，专注于恢复你的力量。

◎ 当我们半夜醒来时（我们都会半夜醒来很多次，但通常只是换睡姿的那几秒钟），重新唤起想在梦中遇见你爱的人的渴望。再次重申，意念不要太重，不要让自己被强烈的情绪所淹没。

◎ 保持每天写梦境日记的习惯会让你与梦境的联系更紧密，这样你就不太会错过你已逝爱人的梦了。他们可能会以不引人注意的方式出现：可能在茫茫人海中一闪而过，或者你知道他们就在你的梦里，但是看不到。迟早有一天这种短暂的一瞥和感觉会扩展为真正的见面。如果你不能直接梦见你已逝的爱人，那么其他的元素，比如美丽的自然风景，或者健康的动物都可以当作疗愈的意象来冥想，并帮助你在悲痛的过程中找到一种新的生活方式。

了解消极的丧亲之梦

有不少丧亲的梦会给我们带来安慰和如释重负的感觉。事实上，如果在梦境中看到逝者充满健康活力，知道他们现在很好，这会带来意想不到的疗愈效果。但是也有一些丧亲的梦没有丝毫安慰效果，需要采取进一步的工作释放抑郁的情绪。死者去世的方式会对丧亲的人产生巨大的影响。如果一种是死于自杀或者一场可怕的事故，另一种是 94 岁的爷爷寿终正寝，相比于第二种，经历第一种丧亲之痛的人可能会遭遇更多的噩梦。

在消极的丧亲之梦中，情况并不乐观。你可能会有愤怒、痛苦、背叛、怨恨、恐惧或事业未竟的心碎感觉。做梦者也许会在梦中与他所爱的人争吵。逝者可能会在梦中严厉责备做梦者，甚至是在梦中追逐他。

由于梦通常是象征性的，逝者或许不会直接在梦中出现，而会以其他的形式出现，比如负面的意象，或是令人不安的事情等。

梦是情感的镜子，展示了我们的真实感受。消极的丧亲之梦凸显了做梦者与逝者之间的关系的心理复杂性，或者凸显了做梦者无法接受失去逝者的事实。这些梦也是可以用来疗愈的，有助于更好地理解自己，释放过度消极的情绪。

如果你的梦境是令人不安的，清醒梦游戏技术如"如何转换噩梦"的练习，或者清醒梦写作技术，都可以帮助你将内心电影变得更有疗愈性和更能接受，帮助你释放负面的情绪，迈入新的阶段。

艺术家兼梦境工作者，维多利亚·拉比诺（Victoria Rabinowe）在她的母亲去世 8 个月后做了个梦，她和母亲之前的关系很糟。她的那个梦里包含一些"有毒"的梦境意象，我和她一同在清醒梦写作课程中分析了这个梦。

正如这个例子所示，在梦中使用不止一种梦境技术是很有帮助的。运用你的直觉——如果你觉得你没有真正"破解"这个梦，尝试用别的方式。

维多利亚的梦：黑寡妇蜘蛛

我正在打扫母亲宽敞的房间。黑寡妇蜘蛛正悬在天花板上。我以前可以一扫把将蜘蛛网扫掉，但是这次蜘蛛网特别顽强坚韧。我那瘦小脆弱的老母亲蹒跚地走向床前。我知道还有很多的清洁工作要做。黑寡妇蜘蛛现在已经跑去了床底下，不见了。我知道该怎么做。我会用吸尘器做最后的清理。

用梦中的声音元素来写作，可以让你知道梦中的形象对你这个做梦者来说意味着什么，维多利亚可以从她的梦中选择任何元素：她的母亲、床，甚至天花板。她决定从蜘蛛的角度来写作。

清醒梦写作：从蜘蛛的角度

我是黑寡妇。我的蜇咬会带来极大的毒性。如果我察觉到我的生命受到威胁，我就会释放出致命的毒素。我是性的食人魔，在交配后，我会吃掉我的配偶。我很有耐性，我可以躺着等待我的猎物。我已经悬挂在一根强韧的蜘蛛丝上。

然后，维多利亚把注意力集中在她的梦境上，自由联想，情绪不加控制地写了出来。

清醒梦写作：关于床

只有我可以碰母亲的床。在触碰她的床上用品之前我必须先洗干净自己。我必须以她的方式铺床……有悖于我自己随意的本性……有些事情总是不对劲，必须纠正。每周在一起的时间，我们都是在捣鼓她那张大床。分享时刻都是她的分享，不是我的。一切都是母亲，从没有我，我无关紧要。除了我，没人会听我母亲那悲伤的人生故事。

维多利亚对她的梦的见解：

虽然我的母亲是我梦中最主要的角色，但我还是明白了，梦中的每一个意象都象征着她的不同方面。蜘蛛，还有更令人惊讶的床，都揭示出我们之间关系的复杂。在母亲多年的控制下，我一直在压抑自己的情感。黑寡妇蜘蛛反映出我母亲"毒"的一面。床的出现意味着她要求我对她完全顺从。

通过清醒梦写作技巧，与梦的意象一起工作，我直接找到了我与母亲之间问题的关键所在。清醒梦写作帮助我找到了清理和理顺我和母亲之间的关系的工具，我现在已经能解决和跨越这段痛苦的"吃人"关系。

维多利亚的清醒梦写作表明，如果我们与已逝的人有着不健康的甚至"有毒"的关系，这种方式可以帮助我们跨越这段关系。黑寡妇蜘蛛用蛛丝包裹猎物（就像床罩）。它们有尖牙，它们往猎物的身体里注入毒素，使猎物的尸体液化。这是一个极其强大的，有毒的梦境形象。

　　我们这位聪明的做梦者，同时也是一位有着丰富经验的梦境工作者，已经想到了在梦里用吸尘器清除毒性的解决办法。这个梦还揭示了一个事实：为了彻底清除她与母亲之间的残余毒性，她还需要做一些工作，同时她表明，她有合适的工具来完成这项工作。即使人死了，我们仍然可以通过倾听梦境和做清醒梦游戏来治愈我们与他们的关系。

已故亲人的压抑之梦

　　一位女士和我分享了她的梦境："我和我母亲在一个房间里，她4个月前去世了。她很生气，对我大喊大叫。我感觉很糟糕，醒来后觉得母亲死后一定很不快乐。"利用梦话技巧，这位女士在醒着的时候重新进入了这个梦境，并且能够和她的母亲交谈。她问母亲："妈妈，你为什么对我这么生气？"母亲回答说："我生气不是因为你。"随着谈话的进行，这位女士意识到她的母亲在生前就总是觉得自己不幸，母亲在梦中只是本色出演。

　　这个梦并不意味着她的母亲死后仍遭受着痛苦折磨，它只是折射出做梦者和她母亲关系中的一面，她过去经常是母亲消极情绪宣泄的目标。有了这个见解后，她在梦中可以拥抱她的母亲，并感受到了一瞬间平和的宽恕。在疗愈的路上，她已经迈出了第一步，通过她的梦境帮助她走过丧亲的悲痛阶段。

正如你所知道的，清醒梦游戏的意义并不是要把不愉快的梦境意象和情感"粉饰"成积极的。关键是要深入了解生活、了解人际关系、了解我们自己和他人。出于这个原因，清醒梦游戏永远不应该是被迫性质的。如果你觉得你在强迫一个令人不安的梦境形象变得有益健康，或者强迫梦中的人以某种方式做出回应，那么最好放弃这个练习，等你感到更加放松和开放的时候再试一次。

如果在这个过程中，你发现自己在情感层面上出现了自发性的变化，那它就是一个肯定的信号，清醒梦游戏正在为你带来治愈的意象。

尝试一下下面这个版本的"梦话技巧"，这个技巧非常有益，你很快就能掌握它的窍门！

练习44：
丧亲之梦的对话

1. 放松。闭上眼睛，平静地呼吸，重新进入你的梦。重现梦境意象、环境、感觉和情绪。你知道，如果你深吸一口气，睁开眼睛，你就可以随时停止这个过程。

2. 专注于你想与之交谈的梦中人物。看到他们，感受他们的能量和情绪。冷静地问他们为什么说刚才说的话，或者为什么他们看起来很激动。为任何事情做好准备：梦中的人物可能会做出防御反应，开始哭泣，或者一开始就拒绝回答。

3. 耐心地继续尝试在想象中与他们交流。仔细观察他们，注意他们表情或肢体语言的任何变化。不要代替他们说话；相反，给他们留一些停顿时间，等他们做出回应。这样，你就更有可能得到有意义的回应。

4. 如果你在有些时候感到不安，想象一下你周围有保护性的白光，让你保持安全和平静。给梦中的人物提供安心和理解，向他们发送爱与疗愈之光。

5. 如果你正在与已故的亲人交谈，说出任何你在他们死前没有对他们说的爱或宽恕的话。说出爱的话或分享您最深的感受，即使只是想象，都会有极大的疗愈作用。这样做可以释放我们内心深处的情感，并使我们真正感受到爱或宽恕。想象那个人收到你的话并交流回应。

如果你感到苦恼沮丧，那就想象你和那个人沐浴在爱与光中。以后你可以随时重新回到谈话这一步骤。

6. 当你准备好了，通过深呼吸和睁开眼睛回归正常的清醒意识。如果你感到情绪激动，请确保规律饮食，照顾好自己的身体。写下或画出任何治愈的时刻，好好珍惜它们，当你需要的时候，你可以向它们寻求安慰。

练习 45：

活出你最好的人生——现在就开始！

现在，尽你所能地改变生活。当我们倾听临终者的梦时，我们会遇到以下几个主要主题：未完成的事业，宽恕或被宽恕的需要，失去或保留的爱，与孩子或父母没有更亲密关系的遗憾。

为什么要等一辈子才意识到我们没有过自己想要的生活呢？临终关怀护士布朗尼·韦尔（Bronnie Ware），在她 2009 年的博客文章《临终的遗憾》中，指出了人们临终前的五大遗憾：

1. 我希望自己有勇气过自己想要的生活，而不是别人期望我过的生活。

2. 我希望我没有那么努力地工作。

3. 我希望我有勇气表达自己的感情。

4. 我希望我能和我的朋友们保持联系。

5. 我希望我能让自己更快乐。

试试这个简短的练习：想象你自己在生命的尽头，回顾你曾经的生活方式。写五句话，每句话都以"我希望……"开头，表达你最深的遗憾。一旦你有了五次"临终遗憾"，再写五句话来弥补纠正这些遗憾，每个句子都以"我会……"开头。比如，如果有一个遗憾是："我希望在我的兄弟最需要我的时候，我能多待在他身边。"

你可以写道："我会一直遵循我的直觉，并在人们最需要我的时候出现在他身边。"

经常查看你的第二份清单，开始改变需要改变的地方。幸福是一种选择。当我们每时每刻都意识到自己拥有改变人生的能力时，当我们允许我们的梦引导我们度过人生的跌宕起伏时，我们就能创造一个更好的生——同时也是一个更好的死！——为了我们自己，也为了其他所有人。

梦境可以引导我们走向最好、最幸福的人生，充满爱和意义的人生……还有，最终的、平静安详的死亡。

解锁你最深处的潜能

5
Part

D R E A M

T H E R A P Y

第十章

灵魂梦：以你自己的方式梦出幸福

========

　　灵魂梦对我们来说，是一种有着特殊强度或力量的光明之梦，是精神和灵魂上更高层次的具有深刻意义的梦。这些梦似乎完全来自做梦者的灵魂，它们以生动的美或深奥的神秘打动了我们，给我们留下了深刻的印象。瑞士精神病学家卡尔·荣格将这种改变人生的梦称为"心灵体验宝库中最富有的珠宝"，并强调了它们在心理和精神上的重要性。灵魂梦可以帮助我们挖掘自己最深的潜能，发现我们的人生目标。

　　一次，在我的讲习班里，一个人讲述了一段很明显的灵魂梦：他正沿着一条发光的楼梯走向天堂，当他走上去的时候他的衣服从身上掉了下来。这样的梦可能反映出做梦者在精神旅程中的进步：走向光明，展现赤裸的自我。灵魂梦不一定根植于正式的宗教，但有时可能来源于做梦者的个人宗教信仰或成长经历。许多灵魂梦只是在精神上与我们产生共鸣，而并不包含宗教概念或宗教符号。20岁时，我梦见一个美丽的巨大的橙色光能量球出现在我的衣柜前。我在梦里已经有了清醒意识，我敬畏地看着它飘浮在那里。它拥有强大的、充满爱的、女性的能量。不用言语，它就让我知道无论何时我需要它，它都会在那里。灵魂梦将我们与内心深处的光与认知联系了起来。

灵魂梦的主要特征

◎ 光：可能是落日余晖，光彩夺目的人或动物，明亮的颜色，或一个包罗万象的不带画面的光的体验。

◎ 一种灵性品质，一种神的存在感、神秘感或深刻的意义。

◎ 特别充满活力的大自然，散发着健康与活力的人和动物。

◎ 强烈的情感，如喜悦、怀旧、无条件的爱、欲望、悲伤、深刻的安全感或归属感。

◎ 原型意象——许多灵魂梦包含原型和象征意象。

◎ 深深打动做梦者的天籁之音。

◎ 智慧和慈悲的存在——这些可能以梦中人的形式出现，或者做梦者就是"知道"有此存在。

尽管不是所有这些特征都会出现在灵魂梦中，但灵魂梦似乎都共享一个元素，那就是光。灵魂梦有两种类型：

1. 没有意象的灵魂梦——只有光明。

2. 像电影般栩栩如生的灵魂梦。

这两种类型的灵魂梦都涉及光。在这一章中，首先我们将看到光在梦中的价值和意义，并探索那些所有意象都消失，只剩下光的

清醒梦。之后我们将继续研究那些有大量意象的灵魂梦。通过这些
内容我们将看到灵魂梦是如何提升我们的幸福感的。

梦中的光

梦中的光往往意味着与心灵和灵魂的联系，这就是为什么光是
灵魂梦的特征。梦中的光也与疗愈有关：许多清醒梦者的报告显示，
做梦者沐浴在光中，或看到梦中的场景就像从内部被点燃一样发光，
都与心理治疗甚至身体治疗有关。

在你的梦中寻找光！

在任何梦中都朝有光的方向走，可能是一些发光的意象或
整体发光的地方。俄罗斯梦境研究者玛丽亚·瓦尔琴科（Maria
Volchenko）博士给我看了一幅油画，画的是她反复做的一个梦。画
中是夜晚的场景，一只雌虎站在一棵发光的绿树树干底部。一个完
全由光构成的人低低地坐在树枝上，向雌虎伸出了一只手。第一眼
看到我就发现这是一个灵魂梦，它拥有发光的意象，强烈的情感，
光的存在，强大的动物以及美丽的大自然。

在你的梦境日记中，记下任何有关发光或明亮的梦境意象经历。
注意哪些梦境意象特别明亮，并使用自由联想或第二章中的任何其
他技巧问问自己这些图像对你意味着什么。通常来说带有明亮意象
的梦就是灵魂梦。

在此之前，我们一直把梦看作内心电影，并探索如何改变这种内心的电影来帮助治愈疾病和悲伤或支持年轻的自己。现在我们要更进一步看看灵魂梦，在那里，内心电影停止了，我们体验到的只有光。

只有光的梦

在清醒梦中，我们可以超越内心电影中典型的精彩梦境，去寻求冥想、平静和启迪的体验。通过瞥见梦中深层的真实，我们在现实生活中变得更加清醒。我有很多在梦中飘浮的经历，我称之为清醒之光。通常，这是一个没有任何东西的虚无梦空间——没有物体、人或动物，没有建筑物或梦境，也没有声音。也可以说是一个完全由光组成的美妙的虚空。它可以看起来像明亮的白云，或闪闪发光的黑色。它可以是灰点，也可以是亮橙色。在清醒梦里，你可以飘浮在这种光中，体验到一种不可思议的合一感，就好像你已经回到了所有生命的本源，归属这个和平、治愈的空间。这时候你在梦中往往不再会感觉到身体，只有一种像沐浴在纯净的爱中升华的完整感和安全感。

纵观历史，无数来自世界各地的高级别清醒梦者的类似经历表明，这种无形式的光空间并不依赖于文化信仰，而是超越了宗教和文化的界限。也许每个人每天晚上都会经历这种情况，就像"梦与梦之间的间隙"，或者是一种深度睡眠状态。但是醒来时却忘记了，因为人很难回忆起如此无形的东西。我相信，清醒之光是意识的基本状态，我们所有的意识体验都来自于此。清醒之光可以是任何颜色——白色、灰色、紫色、翠绿色、橙色，甚至黑色。

有时在梦中，我以极快的速度穿过白光——我称之为"灵魂飞翔"，因为那种没有肉体、纯粹自由自在的意识的感觉，很"灵魂"。其他时候，我飘浮在彩色的灯光下。一位和我共同工作的女士在一次充满光的清醒梦中做了一个飘浮的冥想，体验到了这种幸福初体验以及之后的狂喜。她写道："当我醒来时，我感觉如此幸福，如此轻盈！"这些充满光的灵魂梦给做梦者留下的幸福感和合一感，将延续到他的现实生活中，包括色彩互动、关系治愈，以及和谐创造等各方面。

那些有过这种飘浮在光中的经历的人，往往会发现他们对生活的看法发生了变化。在"清醒之光"中有了深刻的体验后，他们不再对死亡恐惧。因为他们从内心深处明白，死亡并不是一切的终结，而是从一种状态到另一种状态的自然过渡。数千年来，有宗教认为清醒梦可以作为一种有意识死亡的练习方式，特别是当梦的意象消失，只剩下纯粹的光的体验的时候。

如果说训练自己在死亡的那一刻醒过来听起来有点野心勃勃，那就简单地想象一下，你在一个健康水疗中心，你完全放松地躺在一个漂浮的箱子里面。你不知道身边的水怎么流，你也不知道你要去哪里，也不知道你在漂浮的箱子中待了多久。

这种想象会带给你一种永恒的、幸福的体验，你甚至不用离开你的床就可以享受到。当我们习惯了在无限的梦境空间中无体无痛（感觉不到身体和疼痛）飘浮的时候，它就是一种深层次的疗愈，就好像上面说的那种自由地在箱子里漂浮的体验！有清醒之光的灵魂梦可以带给我们终极的健康体验。我们由此体验到的和平与和谐是如此深刻和令人满足，以至于我们醒来后会感到更快乐。

练习 46：
如何在"清醒之光"的灵魂梦中航行

如果你发现自己正在清醒地体验一个梦，梦里没有任何东西，没有家具，没有建筑物或房间，只有一大片彩光或者黑光，不要惊慌，不要害怕。把它当作一个探索纯粹意识的绝佳机会，你同时还能享受一次放松的水疗体验！

1. 如果你想体验一个"清醒之光"灵魂梦，一旦你在梦里开始变得清醒时，你就可以尝试离开你所在的梦境。你可以通过潜入门或窗，跳入水池，或尽可能地飞上天空来做到这一点。

2. 你可以尝试极速拍摄的手法，或者将你的想法、意图和想象投射到空白梦境画布上来构建一个梦。你也可以选择放松一下，享受一次无体无痛的体验。

3. 在这种状态下，冥想是非常容易的，因为没有让你分心的东西——没有身体，没有什么可以看或听的，只有你和无边无际的梦空间。你已经成为一个梦境版的宇航员了。

4. 臣服于"清醒之光"可以带来安全感、合一感、幸福感和无条件被爱的感觉。这些感觉使我们精神焕发，我们醒来时感到神清气爽，仿佛度过了一个有史以来最好的水疗周末。体验"灵魂梦"里面的这种宁静，可以使我们恢复到健康和幸福的状态。

一位清醒梦者反复做着关于龙卷风的噩梦，直到他克服了恐惧，决定在梦中看看风暴里面是什么样子的时候，他突然被一股无形的力量卷入龙卷风。在龙卷风里面，他看到的是半透明的白光，同时感受到了一种巨大的平静感。当我们与内在的光联系在一起的时候，我们就会经历疗愈：我们的自我理解会增加，我们对生活目的的认知也在增长。

既然我们已经看到了光是如何在梦中成为一种治疗方法和精神元素的，那就让我们一起走进"灵魂梦"，探索这一系列的梦境意象，这些意象通常伴随着光亮的色彩、美好或者是以其他形式出现的光。

带有意象的灵魂梦

和大多数梦一样，灵魂梦通常是以内心电影的视觉形式呈现的。与其他梦不同的是，它们往往是明亮的、令人难忘的，而且常聚焦于我们的整体人生而不是其中的一个方面。灵魂梦会以精神层面对话的方式，伴随我们一生。当我们打开灵魂梦，它们往往会揭示出我们的人生道路，引起我们的注意力。这似乎给我们提供了许多选择，却也可能成为需要多年才能理解的谜题，杜伦大学（University of Durham）人类学名誉退休讲师、梦境学者伊恩·埃德加（Iain Edgar）博士的梦就是一个例子。一次，伊恩和我在讲习班里通过清醒梦写作的技巧解开了这个持续 40 年之久的梦境的谜底。

伊恩的梦境：印度王子和茶壶的选择

一位穿着紫色衣服戴着头巾的漂亮的印度王子，让我在方茶壶和圆茶壶之间做出选择。

1975 年当我住在伦敦苏活区的时候我就开始做这个梦，那时我还是一个在流浪者之家做社工的学生。我当时斋戒了大概三天，这个梦就只发生在这期间！

梦的意象和选择让人感觉非常震撼。我一直觉得这个梦代表了对我的人格，甚至是心灵之路的关键选择。我觉得圆形茶壶代表了我作为基督徒的宗教教养，而方形茶壶代表了另一条不太寻常的道路。

在过去的 40 年里，我一直在不同的梦境工作中处理这些意象和问题。这次在讲习班里我终于解决了这个梦境。

伊恩作为印度王子的清醒梦写作：

我是你的一部分，是你的神的使者；我给了你一个心印，让你研究了 40 年；现在你不再需要它了……你已经解开了谜底。现在，为了融合两种宗教和所有宗教，我给你出了这道谜题，你很喜欢它。

伊恩的反思：

当我成为印度王子（我的潜意识形象）时，我得到的"信息"是，我已经有了 40 年的心印工作（禅宗大师设定的"不可能"的任务）。我开始意识到，我不需要在两种宗教之间做出选择，但我能够通过兴趣和梦境将几种宗教作为一个整体联系起来，因为这三种宗教的神和上帝是三位一体完全相同的。

这感觉就像一个困境的突破。

伊恩的梦展示了做梦者大脑非凡的能力，在一个短暂的梦中用像茶壶一样的日常用品概括了一生的心灵困境。这个梦显然是一个灵魂梦，正如漂亮的印度王子紫色的衣服和头饰所显示的那样。做梦者花了 40 年的时间才明白，他不需要在圆形的茶壶和方形的茶壶之间做出选择，但这种延迟的理解并不是一件坏事。事实上，这个梦激发了他对自己心灵道路的深刻思考，在他半生以来的时间里，伊恩对梦在宗教中的作用进行了重要的学术研究。他梦境困惑的解决无疑来得正是时候。

灵魂梦是神秘而具有挑战性的礼物，可以一次又一次地被解开，当做梦者从生命的一个阶段进入下一个阶段时，它会揭示强有力的新见解。

练习 47：
实现灵魂梦的六个步骤

清醒梦的奇妙之处在于，一旦你意识到自己在做梦，你就可以引导梦境进入一种精神上灵性的体验。下面我创建了六个步骤来帮助你做到这一点。首先，如果你想做更多的清醒梦，我这里有一个提醒可以告诉你应该注意什么。当你在现实生活中保持觉知时，在睡眠中你也会变得更有觉知。所以，要保持对生活中的每一件事的觉知，用你所有的注意力和感觉关注当下。通过回忆和记录的方式与梦交流。观察你闭上眼睛后黑暗中出现的睡前画面，识别不同的睡眠状态和对应的身体感觉。专注于你的身体，这样当你处于梦中的身体状态时，你会注意到"梦体"与现实身体的不同之处。下午小睡一下，这样你就能直接进入充满梦境的快速眼动睡眠期。

1. 成为清醒梦高手。 使用以上和第三章的技巧来帮助你拥有规律的清醒梦。做清醒梦的经验越丰富，你就越有可能引导你的梦变成灵魂梦。

2. 练习安全感。 恐惧是你在梦中获得心灵体验的最大障碍。

在白天，练习平静地呼吸，并练习在你的身体周围建立一个发光的保护盾。每当你在梦中感到害怕时，你就可以运用这种保护术，而且知道自己必然会安全醒来的常识，将帮助你打消恐惧。当你无所畏惧、好奇、开放的时候，你就已经准备好了去做深度的清醒梦，并且在醒来后能把那种合一、平静和快乐的感觉带回现实生活。

3. 潜入虚空。一旦你在梦中变得清醒，你就可以通过保持冷静、触摸物体固梦，或者搓着手重复"我是清醒的"来稳定梦境，然后你可以通过梦潜入清醒的虚空，或者闭上眼睛，让梦在你周围消散，同时意识专注于"做一个灵魂梦"。

4. 冥想。在清醒梦中冥想是达到心灵体验的一种难以置信的快速方式。没有身体来分散我们的注意力，因此在梦中冥想要容易得多。你可能想在梦中盘腿坐下来冥想，但这并不是必要的，只要决定冥想，然后闭上眼睛就足够了。

5. 祈祷或唱歌。祈祷或唱宗教歌曲也是一种专注于更高精神力量的好方法，并能带来超然的体验。

6. 向梦寻求帮助。任何事情都有可能发生，你唯一要做的就是待在清醒梦里，既要保持意识清醒，又要防止意识太清醒而醒过来，这有点像维持天平的平衡。然后，你可以敞开心扉提问，看看梦是如何回应的。你可以简单地向梦寻求帮助："我想在治愈之光中无体飘浮，"或者（对勇敢的人来说）："让我看看现实的终极本质！"又或者："让我看看我的灵魂。"

在生活中，当我们需要澄清、支持或帮助时，许多灵魂梦会自发地出现。2016 年我在同时写三本梦境方面的书时做了下面的灵魂梦。

克莱尔的梦：到处都是礼物

我在一个有壮观海景的休闲酒吧里。一个侍者提着一个装满面包片的篮子，递给我一片面包。我拒绝了，因为我已经吃了五片了，之后还有一顿丰盛的晚餐等着我。但服务员很有礼貌地坚持，拿了一片面包放在我肚子上。我惊讶地抬头看着他，发现他非常漂亮，有着清澈的眼睛。我解释了为什么我不需要面包，然后把它还给他。他笑了，往前走了，但我发现他不知什么时候又把面包放回了我的肚子上！

然后我走在一片美丽而生机勃勃的树林里，发现自己手里拿着两杯葡萄酒。这太过分了：我正在参加国际梦研究学会的梦学研讨会，我可得保持清醒的头脑。我向右边望去，看见一片水仙花的地毯蜿蜒穿过森林。参加会议的其他女性正在采摘这些大束的水仙花。我很高兴自己不会采摘任何一朵，因为一旦摘了花，它就开始枯萎了。

我再一次向右边望去，看到森林地面上有一根神奇的树枝，绿叶弯弯曲曲，蔚为壮观，像成熟的果实一样从树上掉下来，在那里等着被拿走。我拿起它，心想："太好了，我要接受这个来自森林的礼物。"我的感激和喜悦之情溢于言表。

那明亮的色彩，那自然的美丽，还有结尾那深沉的喜悦，都标志着这是一场灵魂梦。这个梦为身体（面包）、精神（葡萄酒）和灵魂（水仙花和树枝）提供了养分。面包和葡萄酒也是基督教的圣礼，象征着通往精神世界的桥梁。当我用"与朋友分享梦境"的方法来分析这个梦的时候，在第二个故事的结尾我说了这样一句话："我终于找到了我的礼物！"话刚说完，我的身体从腰部到双腿都开始感到刺痛，对我来说，这是一个"茅塞顿开"时刻的明确信号。原来如此！

这个梦和寻找我的礼物有关。当我觉得礼物已经足够了，或者不想要更多的时候，梦境还是不停地给我礼物。这个梦似乎在告诉我要跟着直觉走，最终会找到"正确的礼物"（注意我在梦中反复向右看的方式）。我似乎有足够多的身体和精神食粮，但我真正乐意接受的是灵魂食粮。

我用清醒梦写作技术写下了这个梦，在回过头读到我所写的东西时，有四句话突然出现在我脑海里：1.到处都是礼物。2.宇宙想要给予——我们要做的就是说"好的"！3.我终于找到了我的礼物（或天赋，在英文中礼物和天赋的拼写一样，都是 gift）。4.我就要出三本书。

"我终于找到了我的礼物（或天赋）"，这句话感觉像是在宣告我在人生旅途中的位置，证明我走在正确的道路上，写我的梦境书籍，帮助人们进行梦境疗愈，探索清醒梦来发现更多关于现实、意识和自我的本质。这个梦记录了我从身体到精神，最后到灵魂的旅程，接受了生命之树的礼物。

练习 48：
如何将灵魂梦带入身体

当我们专注于灵魂梦，并把它们带入我们的身体，这有助于我们专注于更高的目标，创造自己最好的人生。

1. 当你在梦中体验到超我时，冥想它吧。它可以是美丽的意象，是只充满活力的动物，或是一段经历，如快乐地飞翔或与朋友欢笑。它也可以是强大的原型意象，一个明智的导师或向导，或者是一次光的体验。

2. 现在，"成为"超我或任何你在梦中觉得有灵魂的东西。这是一场短暂的私人表演。（你可以提醒你的家人或同事，在你这么做之前不要打扰你！）给自己一些活动的空间。想象自己变成了一个睿智的梦中人物或令人惊叹的角色，重新进入在光中沐浴的感觉，或飞上星空，在星星之间飘浮的感觉。如果动作感觉良好，就移动你的身体，唱歌或跳舞，或重复梦中的话语；在空中挥动手臂抓住树枝，或化身优雅的溜冰者旋转着；做任何能体现你灵魂梦的事！

3. 一直做，直到你真正感受到身体里梦的能量。你可能会感到情绪激动或感到刺痛，也可能会有一种被赋予力量的感觉。

4. 当梦境冲突的解决以某种具体的形式体现时，疗愈就会发生。如果梦境意象有任何模糊不清的话，记住，只要你愿意你就可以改变它。当你在梦中这样做时，注意你身体的感觉。"梦体"会即时反馈你对梦境的真实感觉，这很令人惊讶。有一次，我化身为一个梦中人物，我的膝盖完全在颤抖。当我在心里与梦中人物互动，解决了梦里的冲突时，我的膝盖又恢复了力量。这是检验"梦体"工作的试金石：你知道它什么时候起作用，因为你能在身体里直接感受到它。

当你学会了将梦境形象具体化时，你就为你的身体、思想和灵魂创造了一种治愈的体验。你对灵魂梦的冥想越多，就会越快看到你生活中的变化，因为世界会接纳并反馈你这些释放出的新能量。

灵魂梦如何帮助我们改变生活

灵魂梦可以在我们需要的时候出现，帮助我们把生活变得更好。它们可以标记出我们对心理改变和治疗的需求，或者直接告诉我们自己在生活中真正需要的是什么。当我们改变潜在的破坏性的潜意识模式时，我们就能自由地体验新事物，并学会以不同的方式应对各种情况。

在我与简·坎贝尔（Jean Campbell）合编的一本书《睡眠怪兽

和超级英雄：通过创造性的梦游戏赋予儿童力量》中，戴维·戈登（David Gordon）博士和丹尼·韦德罗斯（Dani Vedros）博士研究了做梦过程对受过精神创伤的青少年的影响。他们描述了梦是如何帮助矫正中心的少年犯的，其中许多人的生活非常艰难，并遭受过虐待。他们分享了托马斯的故事。

13 岁的时候，托马斯第一次体验到爱与安全感——在梦中。

我们很难想象一些贫困儿童的生活，他们在成长过程中从来没有爱的身体接触，只有殴打和拒绝。想象一下，在生命的前十三年里从未体验过爱或安全感，最终是以梦的形式在内心世界体验到它们，而不是来自外界事件！难怪托马斯表现不好，在他的世界里，从来没有人给过他人们都需要的营养和认可。然而，即使是最被忽视的人，梦也能让他们感到被爱和被重视。通过接下来的灵魂梦，托马斯开始改变他的内心电影，他的生活也因此得到了改善。

托马斯的梦：上帝轻抚我的头

我躺在休息室的地上，身上只穿了内衣。地面是硬水泥。我从来没有感觉这么冷过。我一直在打架，表现得很疯狂。我很生气，想死，打算一直打下去，直到我被杀或杀了别人。

我在地板上睡着了，在梦中，上帝来到我身边抚摸着我的头，那感觉很温暖。我意识到我会好起来的，我一定做得到。我第一次感觉到有人爱我。他一句话也没对我说,只是触摸而已。

我哭着醒来。我想活着,想出去。我明白了我这一生应该做些什么,但我不知道该怎么做。

当我们需要改变的时候,像这样的灵魂梦就会前来改变我们。一旦托马斯有机会在一个支持性的治疗环境中来疗愈他的梦,他就能够表达他的恐惧、焦虑、失落和羞愧。这样做能够让他改变自己的暴力倾向,并开始放弃自己作为一个充满敌意的受害者的身份。他的灵魂梦就成了一种指导经验,他可以在任何需要的时候通过想象重新进入这个梦而获得这份指导经验。

灵魂梦可以带给我们变革性的精神体验,激励我们改变自己的生活。当我们需要帮助的时候,我们可以回忆起这些治愈的梦。灵魂梦帮助我们超越外在,触及自我本质。一旦我们认识到自己的本质,生活就会变得轻松一百万倍,因为我们会发现自己能够在更深层、更诚实的层面上与他人相处;这种交流是灵魂对灵魂的,而不是身体对身体。我们会变得更加真实,发现生活的真正目的,无论那目的是什么。

练习 49:

遇见你的灵魂

我们不仅仅是身体加大脑,还拥有精神和灵魂。下面这个温和的观想是一种遇见自己灵魂的富有想象力的方式。

找一个放松、安静的地方躺下。你可以用自己的声音录下观想过程，或者让一个朋友慢慢地读给你听。

闭上你的眼睛，让身体放轻松，平稳地深呼吸。

想象一下，你站在一座青山的顶上，面前是一座美丽的寺庙，有着坚固的柱子和精巧的雕刻。这里的一切都是那么美，你感到深深的满足。

你向寺庙走去，感受到它宁静平和的氛围。一扇木门诱人地敞开着。你跨过门槛进入寺庙，幸福感和活力感越来越强烈。在这个神圣的地方，你环顾四周，看到温暖的烛光，感觉到脚下冰凉的大理石地面。在这里，你有种久违了的终于回到家的感觉。这是属于你的圣地。

在你的前方，有一片宽阔的被彩烛点亮的巨石圆阵，在那里面你看到了你的灵魂。

每个人的灵魂看起来都不一样，但你一眼就能认出自己的灵魂。它可能是一池清澈的水，一本古书，一个有着智慧眼神的动物或人，一道充满爱与慈悲的光，或者任何其他东西。

走进你的灵魂，用任意你觉得正确的方式去迎接它。然后静下心，花尽可能多的时间与之交谈。你可能想问它关于你的人生道路的问题，或者倾听它给你的重要信息。你也可以只是坐在它旁边，感受它的爱的能量。

最后，当你觉得该离开的时候，感谢你的灵魂，然后深呼吸三次，慢慢回到现实。微笑着睁开你的眼睛，把所经历的一切写下来或者画出来。

有一次，当我做了这个观想的时候，我看见自己的灵魂像一道瀑布般的光，比我更高，更明亮、智慧、古老。如果感觉不错，你可以把灵魂想象成你看待自己的样子，以改善内心电影与自尊心："我的灵魂是一只用树根做鹿角的高贵雄鹿。"或者："我的灵魂是一只巨大的、治愈的手。"

当你找到完美的梦境意象来描绘你的灵魂时，把你的灵魂带入你的生活！使用本章前面的练习来具象化这个灵魂意象，提醒自己这就是你，拥有智慧的灵性与疗愈能量。时刻和你的灵魂保持亲密，当你面对困难的情况或有攻击性的人，不要相信他们的胡言乱语，试着从你的灵魂层面做出回应。通过亲近梦境，你将亲近你的灵魂，也将开始活出你最好的人生。

后记
Postscript

　　现在你已经跟随着此书练习，写下了你的梦，并且倾听了梦中的信息，你将明白——梦境疗愈便是去发现我们本就拥有的改变现状的能力，我们有能力改变任何自己不再需要或者不想要的东西，无论是在我们的梦里，还是在我们清醒的现实生活中。梦境工作有点像魔法，因为它能让我们揭开隐秘的潜意识世界的神秘面纱。一旦面纱滑落，我们可以清楚地看到我们生命的状态：在追求更健康、更快乐的道路上，我们还缺失什么，又需要什么？

　　每当我在生活中遇到困难的时候，我都会向我的梦求助。当我爱的人离世，我会去梦中寻找他们，以获得疗愈；当我生病的时候，我会向我的梦寻求帮助；当我遭遇精神创伤，无论我喜欢与否，梦都会通过向我展示生动的画面，让我明白自己的感受。

　　如果我需要鼓励去克服一些不好的事情，它们会让我做噩梦，直到我振作起来将问题解决。通过我对梦境的持续关注，我可以肯定地说，所有的梦，即使是最坏的噩梦，都有帮助与疗愈的意义。

　　我的孩子有一次差一点死了，从那之后，我就被反复的噩梦折磨，梦见我在她的小床上发现她死了。这是我有生以来第一次对自己的梦如此狂怒——它是这么落井下石！然而，在这个噩梦再一次出现的时候，我在梦里清醒了，然后我对梦大声吼叫，释放了我所有的愤怒和痛苦。突然之间，在那同一股能量下，我感受到了完完全全的平静与和谐。那个梦是一个转折点。我关于孩子的焦虑不安下降了，疗愈过程开启了。

我们的梦希望我们能被疗愈。就这么简单，因此只要我们允许梦成为我们的向导，它们就会帮我们实现。只有当我们在深层次上自我疗愈，我们才可能帮自己和他人过上更快乐和健康的生活。通过为我们自身做梦境疗愈，我们可以帮助其他人。当我们疗愈了自己头脑中的暴力、嫉妒、恐惧与仇恨，我们就是在尽我们的一己之力，使"梦出一个更好的世界"成为现实。我们在治愈我们的集体无意识，并且通过这场疗愈，创建一个更加和谐的"世界梦"。

创造你最好的人生

如今你对清醒梦的运作方式更加熟悉了，我们便可以观察到我们的想法、情绪与欲望是如何直接影响梦境，并且将它转化为我们自身的思维方式所创造的东西的。所以，这也是一堂教授"思维方式如何影响现实生活"的精彩课程。

我们的每一个念头和每一个梦，都会为我们这场内心电影添加素材。我们在梦中清醒的时间越长，越是引导着梦境往快乐的、疗愈的方向发展，越多地在白天进行清醒梦游戏的练习，梦境就越容易引导我们的现实生活朝着更健康、更幸福的方向发展。

当我们运用清醒梦游戏转化我们的梦境时，我们会体验到更多积极的情绪，对自己和他人有更深刻的理解，看到解决方案而不是问题，培养更大的同理心和同情心，变得更加乐观。我们也变得更快乐了。

幸福和健康是相伴而生的。科学研究表明，快乐可以使我们的心脏更健康，使我们的免疫系统更强壮，使我们的寿命更长。

由此可见，如果我们把内心电影变成积极的、滋养的、支持的，我们的生活也将会获得这样的转变。我们周围的人会对此做出回应，我们的人际关系会自然而然地变得更加和谐。我们将开创我们自己最好的生活：我们想要的人生。如果你已经系统地通过这本书学习练习，你就已经走在创造你所热爱的人生的路上了。接下来的最终练习总结了最主要的几个相关步骤。

练习 50：
创造最佳人生的五步计划

1. 通过清醒梦与清醒梦游戏的练习，改变你内心电影的焦点、范围和潜能。

2. 重新创造最好的自己。让你最积极、最明亮的梦境意象来提醒你，你的内在有多么美丽，你可以变成你想成为的人。

3. 自动纠正消极的想法和场景。用想象的方式将它们（如在清醒梦中）转向更快乐、更仁慈的结局。

4. 观想自己正在享受着你最好的生活：你的完美人生。对自己创造的这个新梦想充满感恩，并满心期待它会实现。

5. 吸收积极的梦境意象：每天花点时间把它吸入你的身体和灵魂。

下一步

在这本书中，你已经看到，一旦我们设置了健康的睡眠程序，并且开始记梦境日记，我们就可以开始用疗愈和自主的方式进行梦的工作。我们可以通过做清醒梦游戏转化我们的内心电影，从而改掉无益的潜意识模式。我们还可以将梦境里的疗愈意象整合到我们的现实生活中，我们可以释放恐惧，解决噩梦，滋养我们内心的小孩，并且减少疾病，克服负面情绪。

我们可以体验到清醒梦的无限可能性。我们已经知道如何通过展开灵魂梦、获得灵性体验、迈进梦中光明，来进入更深的梦境。我们已经学会，如何"梦"出一个更好的自己并由此创造一个更快乐的人生。

接下来要做的非常简单：坚持下去！继续把你的梦写下来，继续与梦工作、玩耍，以增加你对它们的理解，并且继续重视梦带来的信息。选择本书中你最喜欢的练习方式，并且将它们应用在你新的梦里。用绘画、草稿或雕刻的方式开拓你的梦境艺术。梦能提供绝佳的创造性灵感，并且这份魔力源源不断，永远不竭，因为你每晚都会做新的梦。

无论梦带你去哪里，尽情玩耍，尽情探索吧！

当你进行梦境疗愈时，你授权自己成为自己的梦境疗愈师，并且与你的梦境心灵培养出一种极其深厚又富有创造性的关系。

在这个过程中，你为创造自己想要的生活奠定了基础。

在梦的帮助下，你可以治愈你的人生。

致谢

感谢以下梦控师学院的老师和学员，在本书翻译过程中的参与和帮助。

乔野、龙鸽、杜娇、田云、高珂、庄书鹏、刘小兵、李月、杜鹏